GRUNDLAGENWISSEN im GOVINDA-VERLAG

Armin Risi • Ronald Zürrer

VEGETARISCH LEBEN

Armin Risi • Ronald Zürrer

Vegetarisch leben

Vorteile einer fleischlosen Ernährung

Govinda-Verlag
Zürich

«Vegetarisch leben» erschien zum ersten Mal im August 1989 und wurde im Laufe der Jahre mit jeder Auflage immer wieder neu überarbeitet und aktualisiert. Mit einer Gesamtauflage von 450 000 Exemplaren ist «Vegetarisch leben» heute im deutschsprachigen Raum die am weitesten verbreitete Schrift zu diesem Thema.

Bezugsquellen:

Schweiz:	Govinda-Verlag, Postfach, 8053 Zürich Tel./Fax 043 321 66 77 | www.govinda.ch
Deutschland:	Govinda-Verlag, Postfach, 79798 Jestetten Tel. 07745 / 9 66 77, Fax -78 | www.mare-versand.de
Websites:	www.vegetarisch-leben.ch | www.vegetarisch-leben.de

Um die Verbreitung dieses Buches und damit das Anliegen des Vegetarismus zu fördern, hat sich der Verlag entschieden, den Verkaufspreis besonders gering zu halten, und die Autoren verzichten auf jegliches Honorar. Bei Bezug von mehreren Exemplaren reduziert sich dieser Sonderpreis noch zusätzlich (nähere Angaben zu den Staffelpreisen siehe Seite 180).

10., aktualisierte Auflage – April 2012

Verfaßt von Armin Risi und Ronald Zürrer
Mitarbeit: Maria Rossmanith, Renato Pichler, Sebastian Zösch,
Silvia Soos, Helmut Kunkel, Andi Wolf
Layout: Ronald Zürrer
Umschlaggestaltung: Maria Rossmanith
Umschlagbild: © Mauritius Images
Gesamtherstellung: CPI Moravia Books
Printed in Czech Republic

ISBN 978-3-906347-77-6

INHALT

EINLEITUNG

Für viele Menschen ist das Fleischessen etwas Selbstverständliches, etwas, worüber man sich kaum Gedanken macht. Wer aber einmal innehält und seine Ernährungsgewohnheiten hinterfragt, erkennt sehr bald, daß es keinen stichhaltigen Grund für den Konsum von Fleisch gibt, ja daß damit sogar viele Probleme und Nachteile verbunden sind.

Während noch vor dreißig, vierzig Jahren der «Verzicht» auf Fleisch als etwas Exotisches oder sogar Anormales galt, nimmt die Anzahl der Vegetarier heute beständig zu, insbesondere unter den Jugendlichen. Früher waren es vor allem ethische und religiöse Gründe, die die Menschen bewegten, fleischlos zu leben, in jüngerer Zeit gewinnen auch die gesundheitlichen und ökologischen Gründe zunehmend an Bedeutung. Nach einer Berechnung des Vegetarierbundes Deutschlands (VEBU) werden in der Bundesrepublik im Durchschnitt jede Woche etwa 4000 Menschen zu Vegetariern. Um mit dieser Entwicklung mithalten zu können, bieten mittlerweile immer mehr nichtvegetarische Restaurants auch fleischlose Gerichte an, und die Anzahl der rein vegetarischen Restaurants nimmt konstant zu.

In Europa hat Deutschland die meisten Vegetarier (ca. 6,6 Millionen, d.h. rund 8% der Bevölkerung; bemerkenswert dabei: vier Fünftel der sich vegetarisch ernährenden Menschen sind Frauen), gefolgt von Italien (ca. 5,7 Mio., rund 10%), Großbritannien (ca. 3,6 Mio., rund 6%), Irland (6%), den Niederlanden (4,3%), Spanien (4%), Schweden, Österreich und der Schweiz (je 3-4%). In den USA leben schätzungsweise ebenfalls 3% der Bevölkerung vegetarisch (also rund 10 Mio. Menschen), und in Indien, dem «Mutterland des Vegetarismus», sind es etwa 300 Millionen Menschen (rund 30% der Bevölkerung).

Man unterscheidet zwischen vier Arten von Vegetariern:

(1) *Veganer:* lassen in ihrer Ernährung sämtliche tierischen Produkte (Fleisch, Fisch, Eier, Milch, Honig usw.) weg und lehnen in ihrer Lebensweise jegliche tierischen Erzeugnisse (Leder usw.) ab.

(2) *Lakto-Vegetarier:* essen kein Fleisch, keinen Fisch und keine Eier, jedoch Milchprodukte.

(3) *Ovo-Vegetarier:* essen kein Fleisch, keinen Fisch und keine Milchprodukte, jedoch Eier.

(4) *Ovo-Lakto-Vegetarier:* essen kein Fleisch und keinen Fisch, jedoch Milchprodukte und Eier.

Im vorliegenden Buch aus der Reihe «Grundlagenwissen im Govinda-Verlag» finden Sie eine Auswahl der wichtigsten gesundheitlichen, ökologischen und ökonomischen Argumente für eine vegetarische Ernährung ohne Fleisch und Fisch, mit kritischen Gedanken über den Konsum von Eiern und Milch. Darüber hinaus werden auch weiterführende ethische und philosophische Argumente dargelegt.

Kapitel 1
GESUNDHEITLICHE ASPEKTE

«Nichts wird die Gesundheit des Menschen und die Chancen auf ein Überleben auf der Erde so steigern wie der Schritt zur vegetarischen Ernährung.»
(Albert Einstein)

Fördert Fleischessen gewisse Krankheiten? Kann umgekehrt eine rein vegetarische Ernährung die Gesundheit stärken? Kann sie mithelfen, bestimmte Krankheiten zu vermeiden bzw. Heilungsprozesse zu unterstützen?

Vegetarier bejahen diese Fragen aus praktischer Erfahrung. Sie berichten von einer Verbesserung ihres Wohlbefindens, die nicht nur körperliche, sondern auch geistige und seelische Aspekte umfaßt. Außerdem fühlen Menschen nach der Umstellung auf die vegetarische Ernähung eine neue Leichtigkeit sowie eine erhöhte Kreativität und Konzentrationsfähigkeit.

Wie das vorliegende Buch aufzeigt, ist der gesundheitliche Aspekt nicht das einzige und nicht einmal das wichtigste Argument für eine vegetarische Ernährung. Was die Frage der Gesundheit betrifft, so ist es hinlänglich erwiesen, daß man sich ohne Fleisch und Fisch und auch ohne Milchprodukte vollwertig ernähren kann. Es ist aber auch eine Tatsache, daß man mit einem mäßigen Fleischkonsum gesund leben kann. Wer, wie noch unsere Großeltern, höchstens ein- oder zweimal in der Woche Fleisch (mit Bio-Qualität) ißt, unterliegt dadurch kaum oder nur in geringem Maße den nachfolgend aufgezählten Gesundheitsrisiken.

Dennoch wollen wir hier ausführlich auf die gesundheitsgefährdenden Aspekte des heutigen Fleischkonsums eingehen, denn medizinische Untersuchungen und Studien auf allen Kontinenten erbringen immer mehr Beweise, daß der angestiegene Fleischkonsum zu zahlreichen Krankheiten führt oder deren Entstehen zumindest unterstützt. Dies trifft vor allem auf die sogenannten Zivilisationskrankheiten zu, wie Arteriosklerose, Herz- und Kreislauferkrankungen, Bluthochdruck, Wasserablagerungen, Stoffwechselstörungen, Übergewicht, Hautkrankheiten, Allergien, Gicht, Osteoporose, Rheuma, Diabetes und Krebs: allesamt degenerative, oft chronische Krankheiten, die bei Vegetariern erwiesenermaßen seltener auftreten als bei Fleischessern.

Hinzu kommt, daß Vegetarier erheblich weniger zu Fehlernährung, Fettleibigkeit, hohem Alkoholkonsum und Nikotinsucht neigen. Der Belastung durch Umweltschadstoffe ist ihr nachweislich stärkeres Immunsystem ebenfalls besser gewachsen.

Vor hundert Jahren waren in Europa Getreide, Gemüse, Hülsenfrüchte, Kartoffeln, Obst und gelegentlich Milch(produkte) von Weidekühen die Grundlage der menschlichen Ernährung. Damit wurden die Menschen ausreichend mit allen notwendigen Nährstoffen (Protein, Fette, Kohlenhydrate, Vitamine, Mineralstoffe/Spurenelemente und Ballaststoffe) versorgt. Erst in der zweiten Hälfte des 20. Jahrhunderts kamen Fleisch, Fisch, Geflügel und Eier in großen Mengen hinzu, zusammen mit anderen vitalstoffarmen Nahrungsmitteln (sterilisierte oder uperisierte Milch, Industrienahrung, Fast Food). So verzehren die Westeuropäer und Amerikaner heute gegenüber dem Jahr 1900 rund 33% mehr Milchprodukte, 50% mehr Rindfleisch, 72% mehr Fisch, 190% mehr Eier und 280% mehr Geflügel. Dies hat verständlicherweise erhebliche gesundheitliche Auswirkungen, was sich insbesondere an der drastischen Zunahme der erwähnten Zivilisationskrankheiten zeigt. (Nach: Dr. med. Werner Hartinger, Chirurg und ehemaliger 1. Vorsitzender der Vereinigung «Ärzte gegen Tierversuche», 1998).

Herzkrankheiten

Schon seit längerem haben Forscher den Verdacht geäußert, daß eine fleischzentrierte Ernährung die Entstehung von Arterienverkalkung und Herzkrankheiten fördert. Bereits 1961 schrieb das amerikanische Ärztejournal: «90 bis 97% der Herzkrankheiten könnten durch eine fleischlose Kost vermieden werden.» (*Journal of the American Medical Association,* 176/1961)

Die im Fleisch enthaltenen Proteine sind für den menschlichen Körper nur mit erheblichem Energieaufwand (und nie zu 100%) abbaubar, weil die Bausteine der Proteine, die Aminosäuren, vom tierischen Organismus *entsprechend der eigenen Art* zusammengefügt werden und vom menschlichen Organismus zuerst wieder aufgespalten werden müssen, was eben nie restlos möglich ist. (Für den menschlichen Körper ist es einfacher, die Aminosäuren aus Pflanzen und Früchten zu beziehen; interessanterweise essen die Menschen fast nur vegetarisch lebende Tiere!)

Bei einer Ernährung, die dem Körper zu viele Proteine zuführt, werden die nicht abgebauten Proteine, ebenso wie die Cholesterin-Fette, allmählich zu einem Problem, denn sie lagern sich an den inneren Arterienwänden ab und behindern die Blutzirkulation im Körper, weshalb das Herz bedeutend mehr arbeiten muß, um das Blut durch die engen und verhärteten Blutbahnen zu pumpen und den Körper mit Sauerstoff zu versorgen. Dies führt zu erhöhtem Blutdruck und wird so zur Ursache von Herzbeschwerden, Herzinfarkten und anderen Krankheiten.

Obwohl gewisse Pflanzen ebenfalls einen hohen Proteinanteil aufweisen (insbesondere Sojaprodukte und Hülsenfrüchte, aber auch Nüsse und Samen), besteht bei einer vielseitigen vegetarischen Ernährung keine Gefahr eines Proteinüberschusses, da die Pflanzen und Früchte keine einseitigen Proteinkonzentrate darstellen wie Fleisch (und kein Cholesterin enthalten).

Und selbst wenn pflanzliches Protein nicht zu 100% verdaut wird, kann es vom Menschen doch viel leichter ausgeschieden werden. Pflanzliche Proteine sind ganz anders zusammengesetzt als tierische, weshalb sie, wenn sie in den menschlichen Darm gelangen, leicht erkannt und ausgeschieden werden können. Das tierische Protein hingegen hat eine große Ähnlichkeit mit unserem körpereigenen Protein, weshalb es öfter durch die Darmwand ins Blut durchgelassen wird – und dort kommt es dann zu den Ablagerungen, weil das artfremde tierische Protein nicht das ist, was wir benötigen (es sieht nur ähnlich aus).

Dieser Zusammenhang wird durch folgende Fakten bestätigt: Während im 20. Jahrhundert immer mehr tierische Produkte in die Ernährung aufgenommen wurden, stiegen die tödlichen Herz-Kreislauf-Erkrankungen und Krebsfälle jährlich um 3-5% und machen heute mehr als zwei Drittel aller Todesursachen des Menschen in den westlichen Ländern aus. Allein zwischen 1975 und 1985 nahmen die Herz-Kreislauf-Fälle in Deutschland um 41% zu, die Tumorbildungen bei Kindern und Erwachsenen um 80%, die Gesamtzahl der Krankenhauseinweisungen um 114% und die Krankheiten um Schwangerschaft, Geburt und Wochenbett um 227% (Information des Bundesverbandes der deutschen Ortskrankenkassen).

Und wie hoch ist die Wahrscheinlichkeit, daß ein Vegetarier an einem Herzinfarkt stirbt? Nach neuesten Forschungsergebnissen lediglich 5% des Durchschnittsrisikos!

Zusammenfassend sagt Dr. William Castelli, langjähriger Leiter der «Framingham Heart Study», der längsten epidemiologischen Studie in der Geschichte der Medizin (ab 1948 bis heute): «Vegetarier ernähren sich am besten. Sie weisen von allen Bevölkerungsgruppen die wenigsten Herzkrankheiten auf [...] Bei niemandem ist die Herzinfarktrate so gering wie bei ihnen, und ihre Krebsrate entspricht nur 40% des allgemeinen Wertes. Durchschnittlich überleben sie zurzeit andere Menschen um circa sechs Jahre.»

Krebs

Die schulmedizinische Forschung weist seit Jahrzehnten auf einen Zusammenhang zwischen Fleischkonsum und den häufigsten Todesursachen hin, wie Herzinfarkt, Schlaganfall und vor allem (Dickdarm-)Krebs.

So hat beispielsweise das Berliner Institut für Sozialmedizin und Epidemiologie eine wissenschaftliche Vergleichsstudie zwischen Vegetariern und Fleischessern durchgeführt, deren Ergebnisse viel Aufsehen erregten. Ein in der *Neuen Zürcher Zeitung* vom 23.7.1986 erschienener Artikel über diese Studie stellt in bezug auf Anfälligkeit für Tumore und Krebskrankheiten fest: «Der zu 80% durch Fehlernährung bedingte Dickdarmkrebs kommt bei Vegetariern sehr selten vor. [...] Weitere positive Befunde bei Vegetariern sind niedrigere Werte beim Kreatin und bei der Harnsäure; Gicht kommt bei Vegetariern nachgewiesenermaßen seltener vor als bei Fleischessern. Dasselbe gilt für Erkrankungen der Niere.»

Und der *Berliner Kurier* berichtete am 21. März 1998: «Geahnt haben wir es schon immer – aber jetzt haben es Wissenschaftler endlich bewiesen: Gesunde Ernährung kann das Risiko, an Krebs zu erkranken, drastisch vermindern. Jeder fünfte Tumor würde bei einer abwechslungsreicheren Kost mit viel Obst, Gemüse und Getreide erst gar nicht entstehen, fanden Wissenschaftler der Weltgesundheitsorganisation WHO heraus.»

Die Länder mit dem größten Rindfleischkonsum (Argentinien und Uruguay) gehören zu den Ländern mit der höchsten Rate an Brust- und Darmkrebs. Das Nachrichtenmagazin *Focus* berichtete diesbezüglich in der Ausgabe 10/2001 («Wie gesund ist vegetarisches Essen?»): «Studien belegen, daß Obst und Gemüse gegen eine ganze Reihe von Erkrankungen schützen. Sie stecken voller bioaktiver Substanzen (z.B. Polyphenole, Carotinoide, Schwefelverbindungen) – und die machen sich im Körper äußerst nützlich: Sie jagen freie

Radikale (aggressive Sauerstoffverbindungen), schützen die Gefäße, senken den Cholesterinspiegel und Blutdruck, bieten dem Krebs Paroli und stärken das Immunsystem.»

Bei der weltweit bislang umfangreichsten Vegetarierstudie mit 11 000 Personen über einen Zeitraum von zwölf Jahren wurden zwei Kontrollgruppen untersucht, die weitgehend den gleichen Lebensstil führten, außer daß die eine Gruppe sich vegetarisch ernährte und die andere nicht. Bei diesem Vergleich zeigte sich, daß die Vegetarier in praktisch allen Gesundheitskriterien deutlich bessere Werte aufwiesen als die Vertreter der anderen Gruppe. Fälle von schweren Erkrankungen waren bei ihnen um 20%, die Krebsrate um 40% geringer (veröffentlicht im *British Medical Journal*, Juni 1994).

Forscher der Universität von Kalifornien in San Diego fanden im Jahr 2003 heraus, daß ein bestimmtes Molekül namens Neu5Gc Tumore schneller wachsen läßt. Hierzu Prof. Ajit Varki, der Leiter des Teams: «Abschließend ist zu sagen, daß unsere Daten den Schluß nahelegen, daß chronische Entzündungen das Ergebnis von erhöhten Neu5Gc-Molekülen im Körper sind, herbeigeführt durch den Konsum von rotem Fleisch. Das Immunsystem reagiert auf dieses Molekül mit Antikörpern – und diese können das Krebsrisiko erhöhen.»

Weitere repräsentative Wissenschaftsstudien in Deutschland – zum Beispiel der Universität Gießen, des Krebsforschungszentrums Heidelberg und des Bundesgesundheitsamtes Berlin –, die in den vergangenen Jahren in enger Zusammenarbeit mit dem Vegetarierbund Deutschlands an über 4000 langjährigen Vegetariern durchgeführt wurden, kommen alle übereinstimmend zu den gleichen Schlußfolgerungen:

> **Vegetarier haben die geringste Krankheitsanfälligkeit, die besten Laborwerte, die besten Blutdruckwerte und meist ein normales Körpergewicht. Ihre Infektanfälligkeit beträgt nicht einmal 20% des Durchschnittswertes, ebenso gering ist die auch Frequenz der ärztlichen**

Behandlungsnotwendigkeit. Und entgegen weitverbreiteten Vorurteilen kennen Vegetarier keine Mangelerscheinungen und keinerlei Defizite in bezug auf ihre körperliche Leistungsfähigkeit.

Trotz ihrer längeren Lebenserwartung kommt es bei Vegetariern zu bedeutend weniger Krebserkrankungen; die Überlebenszeiten bei Krebsbefall waren selbst dann deutlich länger, wenn erst *nach* dem Ausbruch der Krankheit auf vegetarische Ernährung umgestellt wurde!

In der TV-Sendung *Planet Wissen: Vegetarisch leben – Verzicht oder gesunder Genuß?* vom 27. Februar 2008 erläuterte Prof. Jenny Chang-Claude, die Leiterin der Vegetarierstudie des Krebsforschungszentrums Heidelberg, die Ergebnisse ihrer Untersuchungen: Nach 21 Jahren Beobachtung von über 1900 Studienteilnehmern wurde deutlich, daß die Lebenserwartung und auch die Lebensqualität bei Vegetariern erheblich höher ist als bei Nichtvegetariern. Als Gründe hierfür nannte sie auch die Tatsache, daß die meisten Vegetarier zudem Nichtraucher sind, wenig Alkohol konsumieren, nur selten Übergewicht haben und allgemein körperlich aktiver sind.

Rheumatismus

In allen tierischen Lebensmitteln ist eine Substanz namens Arachidonsäure zu finden, die, im Übermaß eingenommen, entzündliche Prozesse bei Rheuma fördert. In besonders hoher Dosis ist dieses «Rheumagift» in Schweineschmalz, Schweinefleisch, Leberwurst, Thunfisch und Würstchen enthalten, aber auch viele andere Fleischsorten sowie in geringerem Maße Eier und Milchprodukte weisen diese Säure auf. Medizinische Studien mit an rheumatoider Arthritis leidenden Patienten ergaben, daß eine arachidonsäurearme, also fleischlose Ernährung helfen kann, die entsprechenden Symptome zu mindern.

Osteoporose

Osteoporose (im Volksmund auch «Knochenschwund» oder «Knochenerweichung» genannt) ist eine typische Zivilisationskrankheit, unter der in Deutschland rund acht Millionen Menschen leiden. In den nächsten zwanzig Jahren wird mit einer Verdopplung dieser Zahl gerechnet. Als Ursachen für diese schwere Krankheit (sie kann zu kaum heilenden Frakturen führen) gelten insbesondere eine Fehlernährung mit vielen tierischen Fetten und Proteinen, aber auch Bewegungsarmut, zu wenig Sonne, zu wenig Flüssigkeitsaufnahme, Rauchen und Übersäuerung des Organismus. Unbestritten ist: In den Ländern mit dem höchsten Fleisch- und Milch(produkte)konsum gibt es am meisten Menschen mit Osteoporose.

So berichtete das *Deutsche Ärzteblatt* am 17. April 2009: «Wissenschaftler vom Garvan Institute of Medical Research in Sydney haben bei 105 streng vegan lebenden Nonnen aus buddhistischen Klöstern die Knochenmineraldichte bestimmt und keinerlei Zeichen von Osteoporose entdeckt.»

Dioxinbelastung

Dioxin ist ein persistenter chemischer Stoff, der bei den verschiedensten Verbrennungsprozessen sowie bei der Papierherstellung anfällt und schwere toxische Auswirkungen auf den Menschen und die Umwelt hat. Wegen seiner langen Halbwertzeit reichert sich Dioxin in der Nahrungskette an und ist somit in konzentrierter Form besonders in Milch, Milchprodukten, Fisch und Fleisch zu finden. Es wurde nachgewiesen, daß Dioxine ab einer bestimmten Konzentration zu Mißbildungen und Krebs führen können. Sie können auch Immunsuppression, Hormonstörungen, Beeinträchtigung der Fortpflanzungsfähigkeit, Endometriose und andere Erkrankungen hervorrufen.

Probleme für die Verdauung

Warum nun sind Fleischesser deutlich anfälliger für die genannten körperlichen Krankheiten? Einer der Gründe, den Biologen und Ernährungswissenschaftler immer wieder nennen, besteht darin, daß der menschliche Darm für die Verdauung von Fleisch nur beschränkt geeignet ist.

Fleischfressende Tiere haben einen kurzen Darmtrakt (zwei- bis max. dreimal die Körperlänge), so daß das rasch faulende, toxische Fleisch den Körper schnell verlassen kann. Da sich pflanzliche Nahrung wesentlich langsamer zersetzt als Fleisch, haben Pflanzenfresser einen langen Darmtrakt. Dies trifft auch auf den Menschen zu. Er hat die differenzierte Darmstruktur eines Pflanzenfressers (Darmzotten, Dünndarm mit Zwölffingerdarm), und der gesamte Verdauungstrakt des Menschen ist deutlich länger als die obengenannte zwei- bis maximal dreifache Körpergröße (Dünndarm 4-4,5 m, Dick- und Mastdarm 1,5 m, Oesophagus und Magen 0,6 m, insgesamt also 6 bis 6,6 m, das heißt rund dreieinhalbmal so lang wie die Körpergröße).

Wenn der Mensch Fleisch ißt, entstehen im Körper Toxine (Abfallprodukte der Fäulnisbakterien), die die Nieren belasten und im Laufe der Zeit einen günstigen Nährboden für Krankheiten schaffen, wie Gicht, Arthritis, Rheuma, Fettleber, Diabetes und Krebs.

Der menschliche Magen produziert beim Verzehr von Fleisch zwar auch eine Saftart, wie sie im Magen eines Raubtiers vorkommt (Salzsäure-Pepsin-Mischung), aber nur in einer schwachen Konzentration. Die Zersetzung durch diese Magensäure erfolgt beim Raubtier innerhalb einer halben Stunde, im Menschenmagen dauert es viel länger (oft mehr als vier Stunden).

Zusätzlich zu seinen Fleischgerichten nimmt der Mensch oft auch alkoholische Getränke zu sich, in der Meinung, diese würden die Verdauung unterstützen. Meistens wird auch

Brot mitgegessen, welches im Verdauungstrakt ebenfalls Alkohol bildet. Dies alles führt dazu, daß das Fleisch im Magen noch schlechter vorverdaut werden kann, wodurch der Fäulnisprozeß im Dünn- und Dickdarm zusätzlich verstärkt wird. In diesem Prozeß zerfällt das Fleisch in die stickstoffhaltigen Fleischbasen Xanthin, Kreatin und Sarkin, die verschiedene Zersetzungsgifte bilden. Xanthin hat eine chemische Verwandtschaft zu Koffein und Nikotin, was gewisse Suchterscheinungen bei Fleischessern erklärt.

Fleischesser leiden oft unter Mykotoxinen, die das Wachstum von Pilzen im menschlichen Körper fördern, was den Menschen für Viren und Bakterien anfällig macht. Mykotoxine sind hitzeresistent (bis 160° C), und auch die schwache

Magensäure des Menschen kann ihnen kaum etwas anhaben. Ganz anders verhält es sich bei Raubtieren, deren Magen eine viel stärkere Salzsäureverbindung produziert.

Nach der Tötung eines Tieres beginnt sogleich der Prozeß der Verwesung seines Fleisches, was die Bildung von Toxinen (Leichengift) nach sich zieht. Die Fleischproduzenten unterdrücken dies – so weit wie möglich – durch Hitze, Räuchern, Einfrieren und den Einsatz von Nitritpökelsalz, Antibiotika und anderen Chemikalien. Die Toxine vermehren sich rasend schnell. So kann beispielsweise das Fleisch von Fisch nur wenige Minuten nach dessen Tötung bereits über 80 Millionen Fäulnisbakterien pro Gramm enthalten. Und man bedenke, daß das Fleisch, bis es verkauft ist und gegessen wird, zwei bis fünf Tage alt ist, wenn nicht noch älter. Hinzu kommt heute noch, daß der Mensch all die chemischen Stoffe, die den Tieren verabreicht werden, mit dem Fleisch mitißt, was seinen Magen-Darmtrakt zusätzlich belastet.

Eiweißmangel?

Muß der Mensch aber nicht Fleisch und Eier essen, um sich mit genügend Eiweiß (Protein) zu versorgen? Dies ist eines der Hauptargumente, die von den Fleischessern immer wieder gegen den Vegetarismus vorgebracht werden. Doch die Antwort lautet klar: nein.

Alle Proteine, gleich ob tierischen oder pflanzlichen Ursprungs, setzen sich aus Aminosäuren zusammen, von denen der menschliche Organismus zweiundzwanzig verschiedene Arten braucht. Acht davon kann er nicht selbst herstellen; sie müssen also durch die Nahrung zugeführt werden. Diese acht Aminosäuren sind allesamt in verschiedenen Pflanzen zu finden. Der Mensch braucht folglich kein Fleisch zu essen, um sich mit allen lebensnotwendigen Proteinen zu versorgen.

Die offizielle Empfehlung für den täglichen Proteinkonsum ist in den letzten vierzig Jahren von 150 Gramm auf maximal 30 Gramm gesunken. Weshalb? Weil zuverlässige weltweite Forschungen bewiesen haben, daß wir gar nicht so viel Protein brauchen, wie früher angenommen wurde! Die hohen Zahlen wurden vor einigen Jahrzehnten aufgrund des Einflusses der Fleischindustrie in Umlauf gesetzt – und die entsprechenden «Studien» von der Fleischlobby mitfinanziert. Verschwiegen wurde dabei zum Beispiel, daß die Ratten, an denen die Versuche vorgenommen wurden, später dreimal so häufig erkrankten und eine viel geringere Lebensdauer hatten als jene Ratten, die ausschließlich mit pflanzlichem Protein ernährt worden waren.

Nach aktuellen Erkenntnissen liegt der menschliche Tagesbedarf für Protein bei 25-30 Gramm. Zusätzlich konsumiertes Protein bedeutet nicht nur Verschwendung, sondern kann auch zu Störungen im natürlichen Stoffwechsel führen. Der namhafte pommersche Facharzt Prof. Dr. med. Lothar Wendt hat nachgewiesen, daß sich überschüssiges tierisches Protein in den Blutgefäßen und im Zwischenzell-Bindegewebe ablagert und so die Vitalstoffversorgung von Organen, Muskeln, Knochen, Gelenken und Haut verhindert.

Wie die sogenannte «China-Studie» von Dr. Colin Campbell, die sich über dreißig Jahre erstreckte und deren Ergebnisse Anfang 2005 veröffentlicht wurden, nachgewiesen hat, treten Krankheiten wie Herz- und Kreislaufversagen, Krebs und Diabetes desto häufiger auf, je höher der Anteil des tierischen Proteins in der Nahrung ist: «Wir fanden heraus, daß Menschen, die sich zu einhundert Prozent rein pflanzlich ernähren, einen bleibenden gesundheitlichen Vorteil davon hatten. [...] Je höher der Konsum von Milchprodukten, desto höher ist auch das Risiko der Osteoporose. Es ist tatsächlich so – und nicht umgekehrt.»

Ein übermäßiger Konsum von tierischem Protein kann auch die Ursache für Bluthochdruck, Herzinfarkt, Schlaganfall, Arteriosklerose, Gicht, Polyarthritis und Rheuma sein. Das tierische Protein wird überdies mit der starken Zunahme von Allergien und Hautkrankheiten wie zum Beispiel Neurodermitis in Verbindung gebracht.

Überschüssiges tierisches Protein zersetzt sich im menschlichen Körper in Zerfallsprodukte wie Cadaverin und Putrescin. Das nicht verwertete Protein lagert sich ab und dient als Nahrung für die zahlreichen Fäulnisbakterien, was die Gesundheitsrisiken, die bereits im vorherigen Abschnitt («Probleme für die Verdauung») erwähnt wurden, nochmals verschärft.

Fazit: Um die täglich notwendigen maximal 30 Gramm Protein zu bekommen, brauchen wir kein Fleisch zu essen; es ist leicht möglich und sogar viel gesünder, sie aus rein vegetarischer Nahrung zu beziehen (Hülsenfrüchte, Nüsse, Getreide, frische Früchte, Blatt- und Wurzelgemüse, Keimlinge).

Daß der Mensch gar nicht so viel Protein braucht, wird außerdem durch die folgende Tatsache belegt: Als Säugling benötigt der Mensch die höchste Proteinkonzentration in der Nahrung, da innerhalb weniger Monate das Körpergewicht verdoppelt werden muß. Die natürliche Nahrung des Säuglings ist die Muttermilch, die 1,2% Protein enthält. Der Erwachsene benötigt also bestimmt nicht mehr als 1,2% Proteinanteile in der Nahrung, was wiederum für die vegetarische Ernährung spricht: Gemüse und Früchte haben 1,5-2%, Milch 4%, Getreide 5-10% und Fleisch 15-25% Proteinanteile, die dazu noch, wie bereits erwähnt, nicht gänzlich abbaubar sind.

Die Frage lautet also nicht: Woher bekommen die Vegetarier ihr Protein?, sondern: Wie werden die Fleischesser all ihre schädlichen Proteinüberschüsse wieder los?

Eisenmangel?

Eisenmangel (Anämie) ist eine der häufigsten Mangelerkrankungen des Menschen. Die Ursache für diesen Mangel ist jedoch entgegen weitverbreiteten Behauptungen nicht etwa einer vegetarischen oder veganen Ernährung zuzuschreiben, sondern – wie die meisten Mangelerkrankungen – einer *einseitigen* Ernährung. Denn Fleischesser sind genauso von Anämie betroffen: «Blutanalysen haben ergeben, daß Vegetarier nicht häufiger als andere Menschen unter einem Eisenmangel leiden.» (Dr. Andreas Hahn vom Institut für Lebensmittelwissenschaft der Universität Hannover, zitiert in *Focus* 10/2001, S. 164)

Eisenmangel entsteht, wenn der Körper zuviel Eisen verliert oder zuwenig Eisen aus der Nahrung aufnimmt – sei es, weil die heutige (denaturierte) Nahrung arm an Eisen ist, oder sei es, weil der Körper das Eisen nicht mehr richtig aufnehmen kann. Hierbei sind vielerlei Faktoren zu beachten. Zum Beispiel können Verdauungsprobleme und pharmazeutische Medikamente die Eisenaufnahme stark vermindern. Bei Frauen kann durch die heute übliche Ernährungsweise mit viel erhitztem tierischem Protein zudem der Blutverlust während der Menstruation stark erhöht werden, was ebenfalls einen Eisenverlust nach sich zieht.

Es ist eine Tatsache, daß Fleisch viel verwertbares Eisen enthält, weshalb die Annahme weit verbreitet ist, der Mensch müsse Fleisch essen, um genügend Eisen zu erhalten. Dies ist jedoch eine einseitige Sichtweise, denn Eisen findet sich auch in vielen pflanzlichen Lebensmitteln. (Von diesen Pflanzen beziehen auch die Schlachttiere ihr Eisen!)

Der menschliche Organismus hat die Wahl, wieviel Eisen er aus der Nahrung aufnehmen möchte, doch beim Essen von Fleisch wird der körpereigene Regulationsmechanismus umgangen. Weil das Eisen im Tierfleisch in exakt derselben Form vorliegt wie im menschlichen Blut, gelangt es zu einem großen Teil direkt ins Blut. Dies ist eine der Ursachen, warum Fleischesser unter einer erhöhten Infektionsanfälligkeit leiden. Wenn das Eisen hingegen nicht «pfannenfertig» über das Fleisch aufgenommen wird, aktiviert der menschliche Körper seinen

eigenen Stoffwechsel und holt aus der pflanzlichen Nahrung mehr Eisen heraus, das heißt, er erhöht seine Resorptionsrate. Durch die gleichzeitige Aufnahme von Vitamin-C-reichen Nahrungsmitteln und Getränken (z.B. Frucht- und Gemüsesäfte) wird die Eisenaufnahme deutlich begünstigt.

Dies ist eigentlich schon lange bekannt. So schrieb *Die Weltwoche*, Zürich, bereits in ihrer Ausgabe vom 12. Februar 1987: «Aus Deutschland kommt für die Vegetarier frohe Kunde. [...] Eine fünf Jahre dauernde Studie hat Erfreuliches zu Tage gefördert. Ausgerottet ist der Aberglaube, daß, wer kein Fleisch ißt, an Eisenmangel leidet. Die Studie hat bewiesen, daß Körper, die weniger Eisen bekommen (und Fleisch liefert 30% unseres Nahrungseisens), einfach mehr Eisen aus der verabreichten Nahrung lösen. Ähnlich ist es mit dem Kalzium.» Deshalb wurden auch beim Eisen die offiziellen Angaben der erforderlichen Menge in den letzten Jahren mehrfach nach unten korrigiert.

Fazit: Vegetarier haben im Durchschnitt zwar geringere Eisenspeicher und damit etwas weniger Eisen im Blut (was viele Mediziner mittlerweile sogar als gesundheitlichen Vorteil ansehen!), einen *Mangel* an Eisen weisen sie jedoch nicht häufiger auf als Fleischesser.

Hinweis: Pflanzliche Produkte, die einen besonders hohen Eisengehalt aufweisen, sind zum Beispiel: Kürbiskerne, Sesam, Mohn, Weizenkeime, Linsen, Pistazien, Trockenpfirsiche, Sojabohnen, Sonnenblumenkerne, Kichererbsen, Erbsen und Haferflocken sowie Gemüse wie Spinat, Petersilie, Gartenkresse, Fenchel, Mangold und Feldsalat.

Mangel an Vitamin B12?

Das Vitamin B12 ist sowohl für den Stoffwechsel als auch für den Zellaufbau sehr wichtig, insbesondere für die Nervenzellen. Obwohl der Mensch pro Tag nur 1 bis 3 Mikrogramm (Millionstelgramm) dieses Vitamins benötigt, gibt es Menschen, die unter einem Vitamin-B12-Mangel leiden, und zwar wiederum unter Vegetariern und Veganern genauso wie unter Fleischessern. Mit anderen Worten: Die Versorgung mit Vitamin B12 kann nicht einfach durch das Essen von Fleisch abgedeckt werden.

Das B12-Thema muß sehr differenziert betrachtet werden. So haben Untersuchungen gezeigt, daß in Indien lebende Vegetarier kaum unter Vitamin-B12-Mangel leiden. Inder hingegen, die nach England umzogen, bekamen dort plötzlich einen B12-Mangel, obwohl sie ihre vegetarische Ernährung beibehalten hatten. Gerade in den Industrienationen ist trotz des hohen Fleischkonsums immer häufiger ein B12-Mangel zu beobachten. Andererseits gibt es Menschen, die ihr Leben lang nie tierische Produkte konsumiert haben und keinen B12-Mangel aufweisen. Wie lassen sich diese Widersprüche erklären?

Gemäß heute weitverbreiteter Ansicht kommt Vitamin B12 nur in tierischen Produkten vor. Dieses Vitamin kann vom Körper eines Tieres leicht gespeichert werden, weshalb die Menschen, die Tiere essen, zusammen mit dem Fleisch auch deren B12-Vorrat übernehmen. Unerwähnt bleibt dabei meistens, daß die Säugetiere (Rinder, Schweine usw.) dieses

Vitamin nicht selbst bilden, sondern daß es in ihrem Verdauungstrakt von Bakterien produziert wird.

Beim Menschen geht man heute davon aus, daß sein Verdauungstrakt keine solchen Bakterien enthält. Ob dies auch auf gesunde, vegan lebende Menschen zutrifft, ist noch nicht definitiv geklärt, denn es wäre durchaus möglich, daß sich bei Menschen mit einem gesunden Darmklima (ohne Übersäuerung, Verklebungen, Schwermetalle, Antibiotika usw.) nach einer oder zwei Generationen eine Darmflora regeneriert, die auch B12-Bakterien aufnehmen kann.

Bakterien, die B12 produzieren, sind jedoch nicht nur im Tierdarm vorhanden, sondern auch in jedem gesunden Humusboden sowie auf allen Pflanzen, die aus einem solchen Boden wachsen. Die pro Tag benötigten 1 bis 3 Mikrogramm B12 könnte der Mensch also leicht (indirekt) über naturbelassene pflanzliche Nahrung aufnehmen. Wenn aber die Mikrostruktur der Böden durch schwere Maschinen, Chemie und Überdüngung zerstört wird, werden auch diese Bakterien abgetötet, und so bekommen weder die Tiere noch die Menschen ausreichend Vitamin B12. Dies wird heute noch verstärkt, wenn das Gemüse chemisch «totgereinigt» wird, bevor es in den Supermarkt kommt.

Für Ovo-Lakto-Vegetarier ist B12-Mangel also kein dramatisches Problem, da sie B12 mit Milchprodukten aufnehmen. Veganern wird empfohlen, bestimmte Algenarten oder «fermentierte» Nahrungsmittel zu sich zu nehmen, das heißt mit Mikroorganismen versehene Nahrung, die einem bakteriellen Prozeß unterworfen wurde, so daß diese Bakterien zu Vitamin-B12-Lieferanten werden.

Fazit: Der in den Industrienationen verbreitete Vitamin-B12-Mangel hat hauptsächlich mit der *Denaturierung* der pflanzlichen Nahrungsmittel zu tun. Deshalb bekommt der moderne Mensch sogar über das Fleisch nicht mehr genügend B12, und die Nahrungsmittelindustrie muß immer mehr tierische Produkte mit B12 anreichern.

Vitamin B12 können wir jedoch über gesunde, möglichst ungeschälte Pflanzen aus naturbelassenem Bio-Anbau oder durch mit B12 angereicherte vegetarische Produkte (beispielsweise Sojadrinks) bekommen. Als Ergänzung werden auch auf der Basis von Bakterien erzeugte B12-Tabletten und -Säfte angeboten.

Braucht der Mensch Eier?

Eier können auch als «flüssiges Fleisch» bezeichnet werden. Im langen Darmtrakt des Menschen beginnen sie daher noch schneller zu faulen als Fleisch. Unter allen Nahrungsmitteln enthalten Eier den höchsten Anteil an Fäulnisbakterien pro Gramm, nämlich 150 bis 220 Millionen, und diese vermehren sich mit ungeheurer Geschwindigkeit. Zusätzlich zu diesen Bakterien enthält das Ei auch sehr viel Cholesterin, und in der Verdauung führen Eier, genauso wie Fleisch, zur Bildung von toxischen Schadstoffen. Mit anderen Worten: Eier gehören nicht gerade zu den gesündesten und verträglichsten Nahrungsmitteln.

Wissenschaftler der Ärzteorganisation PCRM (Washington) haben im Rahmen einer Untersuchung von 57000 Frauen und Männern festgestellt, daß diejenigen, die täglich Eier konsumierten, einem größeren Risiko ausgesetzt waren, an Typ-2-Diabetes zu erkranken. Das Risiko erhöhte sich bei Frauen um 77%, bei Männern um 58%.

Außerdem ist ein Ei, ob befruchtet oder unbefruchtet, von Natur aus für etwas anderes als für den menschlichen Verzehr bestimmt. Die Elemente, die im Ei enthalten sind (vor allem Protein), können, wie bereits dargelegt, leicht und auf unschädliche Weise aus rein vegetarischer Nahrung bezogen werden. Selbst Kuchen, Torten und anderes Süßgebäck lassen sich problemlos ohne die Verwendung von Eiern zubereiten (siehe hierzu die im Handel erhältlichen Bücher über eifreies

Backen, von denen wir einige empfehlenswerte im Literaturverzeichnis aufführen).

Braucht der Mensch tierische Milch?

Der moderne Mensch neigt dazu, die Frage nach der Notwendigkeit des Milchkonsums vorbehaltlos zu bejahen. Diese Ansicht ist hauptsächlich kulturell bedingt und geht zurück auf den Einfluß der Werbung während der letzten Jahrzehnte. Doch wie beim Fleisch ist es auch bei der Milch erwiesen, daß der Mensch sehr gut ohne sie leben kann. Millionen von Veganern weltweit, die seit ihrer Geburt oder seit ihrer Ernährungsumstellung ohne Milch und Milchprodukte leben, zeigen mit ihrem persönlichen Beispiel, daß eine gesunde vegane Ernährung durchaus möglich ist.

«Studien mit Veganern, die weltweit, aber auch von uns durchgeführt wurden, zeigen, daß Veganer im Durchschnitt deutlich gesünder sind als die allgemeine Bevölkerung. Körpergewicht, Blutdruck, Blutfett- und Cholesterinwerte, Nierenfunktion sowie Gesundheitsstatus allgemein liegen häufiger im Normalbereich. [...] Wenn alle Menschen veganisch leben würden, sähe es um die Gesundheit der Menschen, der Umwelt und der Gesellschaft besser aus. Es gilt, dieses Potential zu nutzen.» (Prof. Claus Leitzmann von der Justus-Liebig-Universität in Gießen, in einer öffentlichen Erklärung am 24. März 1994 in Bonn)

Auch für Säuglinge und Kinder ist eine ausgewogene vegane Ernährung vollständig ausreichend, ja sogar gesünder als eine Ernährung mit Tiermilch und Fleisch, solange auf eine genügende Vitamin-B12-Versorgung geachtet wird. In der angesehenen amerikanischen Fachzeitschrift für Kinderärzte, *Pediatrics in Review,* wurde im Jahr 2004 ein Artikel zum Thema «Vegane Ernährung für Babys, Kinder und Jugendliche» veröffentlicht, der die Forschungsergebnisse einer Studie vom

Children's National Medical Center in Washington D. C. darlegte. Zusammenfassend wurde festgehalten:

«Viele Experten kamen unabhängig voneinander zu dem Schluß, daß die vegane Ernährung von Babys und Kindern als sicher gelten kann, daß durch sie also weder die Nährwerteversorgung noch das Wachstum beeinträchtigt wird und daß sie zudem einige bemerkenswerte gesundheitliche Vorteile bringt.» (B.C. Moilanen: «Vegan Diets in Infants, Children, and Adolescents», in: *Pediatrics in Review*, 2004/25, S. 174-176)

Auch der weltberühmte Kinderarzt Dr. Benjamin Spock (1903–1998) sagt in seinem Buch *Dr. Spock's Baby and Child Care* – in den USA seit Jahrzehnten ein Mega-Bestseller (die dt. Ausgabe erschien unter dem Titel *Pflege und Behandlung des Säuglings*) –, daß nebst der Muttermilch für Säuglinge und Kinder eine richtige vegane Ernährung ideal ist! Dasselbe bestätigte auch die weltweit größte Organisation von professionellen Nahrungs- und Ernährungsexperten, die Vereinigung der amerikanischen Ernährungswissenschaftler, in ihrem offiziellen Positionspapier: «Eine gut geplante vegane oder andere Art der vegetarischen Ernährung ist für jede Lebensphase geeignet, inklusive während der Schwangerschaft, Stillzeit, Kindheit und in der Pubertät.» (*Position of the American Dietetic Association*, 2003/103)

> **Der Mensch kann also in allen Lebensphasen sehr gut ohne tierische Milch leben. Milch ist, entgegen der von den entsprechenden Industrien gesponserten Propaganda, kein unentbehrliches Nahrungsmittel – und auch kein gesundes, ja nicht einmal ein natürliches.**

Man bedenke: Der Mensch ist das einzige «Säugetier», das noch im Erwachsenenalter die Säuglingsnahrung beibehält, und dabei auch noch eine artfremde. Während eine gesunde Muttermilch, die sich dem Wachstum des Säuglings laufend perfekt anpaßt, für die physische und psychische Entwicklung des Kindes von elementarer Bedeutung ist, ist artfremde Milch sehr problematisch. Eine Kuh produziert die Milch für ihr Kalb und dessen Bedürfnisse, die ganz anders sind als die des menschlichen Kindes. Ein Kalb steht von den ersten Minuten an auf seinen Beinen und wächst sehr schnell, weshalb es eine entsprechende Nahrung braucht. Ein menschliches Kleinkind erhebt sich nicht sogleich auf die Beine, sondern wächst in einem anderen Rhythmus und entwickelt dabei zuerst hauptsächlich sein Gehirn. Tiermilch jedoch ist nicht auf das Gehirnwachstum fokussiert, sondern unterstützt den zum Überleben des jungen Tieres notwendigen allgemeinen Wachstumsschub. Kaum ist das Tier etwas älter, hört es instinktiv mit dem Milchtrinken auf. Es trinkt also nicht einmal mehr die arteigene Milch!

Wegen ihrer Artfremdheit ist Tiermilch – die natürliche und erst recht die industriell verarbeitete – für den Menschen kein geeignetes Nahrungsmittel. Dies gilt um so mehr, als heute noch die vielen Mast- und Pharmastoffe hinzukommen, die den Tieren verabreicht werden und über die Milch in 5facher Konzentration – über das Fleisch in rund 14facher Konzentration – vom Menschen mit aufgenommen werden. (In nochmals erhöhter Konzentration werden diese Schadstoffe dann über die Muttermilch an das eigene Kind weitergegeben.)

Es muß also festgehalten werden, daß tierische Milch beim Menschen zu einem erhöhten Allergierisiko, zu ungewollter Antibiotikazufuhr, zu Übersäuerung, zu einem Überschuß an Cholesterin, Protein usw. beiträgt – mit all den damit verbundenen Problemen. Wie bei jeder Ernährungsform ist natürlich auch bei einer veganen Ernährung auf die gesunde Ausgewogenheit zu achten.

Selbst wenn man nicht sogleich alle Milchprodukte weglassen will, ist es doch zumindest wichtig, sich der Problematik der Tiermilch bewußt zu sein und den Milchkonsum schrittweise zu reduzieren.

Vitalität und körperliche Energie

Noch offensichtlicher wird die Tatsache, daß die bereits besprochenen Zivilisationskrankheiten in hohem Maße durch den Fleischkonsum verursacht werden, wenn wir Völker aus anderen Kulturkreisen betrachten, die nur sehr wenig oder gar kein Fleisch essen.

Seit einiger Zeit haben Wissenschaftler begonnen, die Gesundheit solcher Völker systematisch zu untersuchen, und ihre Ergebnisse sind eindeutig. Berühmt gewordene Beispiele sind ein Hirtenvolk in den Bergen von Ecuador und der Hunza-Stamm in Kaschmir sowie verschiedene Bevölkerungsgruppen Südindiens und des ländlichen Chinas, bei denen Krebs und Herzkrankheiten praktisch nicht vorkommen, obwohl es unter ihnen auffallend viele Menschen gibt, die über 80 Jahre, einige sogar über 110 Jahre alt werden. Im Jahr 2002 ging eine Meldung durch die Presse, daß der älteste Mensch der Welt eine 116 Jahre alte Chinesin «mit einem schnellen Verstand und einem Sinn für Humor» sei. Sie erklärte, sie habe nie Alkohol getrunken oder geraucht und habe erst in ihrem 110. Lebensjahr mal einen Bissen Fleisch probiert.

> **Nicht nur in bezug auf die Lebenserwartung, sondern auch in bezug auf das körperliche Leistungsvermögen schneiden die Vegetarier in Vergleichsstudien deutlich besser ab. Bei körperlicher Anstrengung beweisen sie eine viel größere Ausdauer als Fleischesser, und sie benötigen eine erheblich kürzere Erholungsphase, da vegetarische Nahrung auf eine natürliche Weise aufbauend wirkt, wohingegen Fleisch nur einen kurzen Energieschub gibt (ähnlich wie Kaffee), dann aber den Körper mit all den beschriebenen Nachteilen belastet.**

Aus diesem Grunde ernährten sich auch die als durchtrainierte Muskelprotze geltenden römischen Gladiatoren laut neuesten Erkenntnissen meist vegetarisch – vornehmlich von Gerste, Bohnen, Hülsenfrüchten und (getrockneten) Früchten – und glichen weniger modernen Bodybuildern, sondern eher beleibten Sumo-Ringern.

Auch das Tierreich bestätigt diese Beobachtung: Man soll einmal versuchen, die Arbeit eines Ochsen, Kamels oder Pferdes einem Löwen, Tiger oder Hund aufzubürden. Außerdem zählen zu den größten und stärksten Tieren der Welt reine Pflanzenfresser, wie der Elefant, das Nashorn, der Gorilla oder der Büffel. (Gorillas fressen gelegentlich, wenn sie nichts anderes finden, auch Fleisch.)

Wie bereits erwähnt, verstärkt der Konsum von Fleisch und anderen tierischen Produkten das Problem des Übergewichts, denn diese Nahrungsmittel enthalten meist viel Fett. Vegetarier sind hier viel weniger gefährdet. Salopp gesagt: Dicke Vegetarier sind selten. Denn Vegetarier konsumieren bedeutend weniger fettreiche Fertigprodukte, und Veganer konsumieren sowieso kaum Industrienahrung, da fast jedes verarbeitete Nahrungsprodukt tierische Zutaten enthält. Deshalb essen sie viel mehr Früchte und Gemüse, was den gesunden Stoffwechsel sehr unterstützt.

Fleischkonsum geht oft mit Fast Food und Industrienahrung einher: Man ißt zwar, aber man er*nährt* sich nicht. Da der Körper aufgrund dieser denaturierten Nahrung oft verschlackt ist und außerdem zu wenige lebenswichtige Enzyme bekommt, hungert er sogar bei vollem Magen und verlangt ständig nach Essen. Bei gesunder Frischkost (Früchte und Gemüse) erhält man unmittelbar die notwendigen Enzyme, Vitamine und Proteine bzw. Aminosäuren, weshalb man sich satt und gestärkt und gleichzeitig auch «leicht» fühlt. Tierische Nahrung hingegen wird praktisch immer erhitzt, entweder in der Produktion oder/und danach beim Kochen, weshalb die meisten Enzyme abgetötet sind. Andererseits enthalten sie viel Fett und Protein (sowie die bereits erwähnte Vielfalt an Schadstoffen).

Der ungesunde moderne Fast-Food-Lebensstil führt dazu, daß die Fettleibigkeit heute sogar bei einer steigenden Anzahl von Kindern und Jugendlichen zu einem gesellschaftlichen Problem wird. Eine entsprechende groß angelegte EU-Studie aus dem Jahr 2008 kommt zu dramatischen Ergebnissen: Fast jeder dritte Junge und jedes fünfte Mädchen zwischen 13 und 17 Jahren ist zu dick, und jedes Jahr steigt die Zahl der übergewichtigen oder fettleibigen Jugendlichen um 400 000.

Ist der Mensch von Natur aus Vegetarier?

Eine weitere Frage, mit der Vegetarier häufig konfrontiert werden, lautet: Ist der Mensch denn nicht von Natur aus ein Fleischesser oder zumindest ein Allesesser?

Auch dieser Zweifel beruht auf einem Mißverständnis. Es stimmt zwar, daß der Mensch «alles» essen *kann* (also biologisch gesehen imstande ist, sowohl pflanzliche als auch tierische Substanzen zu verwerten), aber das heißt noch lange nicht, daß deshalb alles, was er zu essen vermag, für ihn auch gut und gesund ist. Im Gegenteil: Körperbau und Veranlagung zeigen deutlich, daß die vegetarische Ernährung für den Menschen viel natürlicher und ratsamer ist.

Dies wird anhand des Vergleichs von fleisch- und pflanzenfressenden Säugetieren auf der nachfolgenden Seite ersichtlich. Wo wäre in dieser Tabelle der Mensch einzuordnen?

Die Analyse macht deutlich, daß der Mensch von Natur aus viel eher ein Pflanzenesser als ein Fleischesser ist.

Dies zeigt sich auch daran, daß der Mensch das getötete Tier nicht roh essen kann, sondern das Fleisch erst durch aufwendige Methoden – wie Abhängen, Klopfen, Marinieren, Kochen, Braten, Garen, Frittieren, Grillen usw. – zubereiten und würzen muß, bevor er überhaupt nur daran denken kann, es zu verzehren. Außerdem ißt er in der Regel nur das Faserfleisch (Muskeln) und bestimmte Organe wie Niere und Leber.

Fleischfressende Säugetiere	Pflanzenfressende Säugetiere
Krallen	Keine Krallen
Keine Hautporen, kühlen den Körper durch Verdunstung über die Zunge	Hautatmung durch Millionen von Poren
Klappgebiß (Bewegungen nur auf und ab); Maulöffnung weit	Kaugebiß (auch seitlich verschiebbar); Maulöffnung klein
Scharfe, spitze Vorderzähne	Keine scharfen, spitzen Vorderzähne
Keine abgeflachten Backenzähne zum Zermahlen der Nahrung	Abgeflachte Backenzähne zum Zermahlen pflanzlicher Nahrung
Kleine Speicheldrüsen im Maul	Gut ausgebildetete Speicheldrüsen (notwendig, um Getreide und Früchte vorzuverdauen)
Saurer Speichel; kein Ptyalin-Enzym zur Vorverdauung von Getreide	Alkalischer Speichel; Amylase, viel Ptyalin
10 × stärkere Salzsäure im Magen als der Mensch (zur Verdauung von zähen Tiermuskeln, Knochen usw. sowie zur Neutralisation von Giftstoffen im Fleisch)	Schwache Magensäure
Magen hat die Form eines runden Sackes; kein Gärmagen; glatte Darmoberfläche	Magen hat eine längliche Form mit komplizierter Darmstruktur; Darmzotten; teilweise mehrfache Gärmägen
Verdauungstrakt zwei- bis dreimal so lang wie der Körper (damit das schnell verwesende Fleisch rasch aus dem Körper gelangt)	Verdauungstrakt bis fünfmal so lang wie der Körper (beim nicht wiederkäuenden Säugetier)
Leber filtert durch das Enzym Uricase 10-15 mal mehr Harnsäure aus (die bei jedem Fleischverzehr entsteht) als bei einem Nicht-Fleischfresser	Verfügt nicht über das Enzym Uricase zum Abbau der gefährlichen Harnsäure (die menschliche Leber kann nur wenig Harnsäure ausfiltern)

Knochen, Blut und Gedärme hingegen – die mineralstoff- und proteinreichsten Teile der Tierleiche – verschmähen die meisten Menschen. Kein Wesen, das von Natur aus zum Fleischverzehr bestimmt ist, tut das.

Umstellung auf vegetarische Ernährung

Obwohl die vegetarische Ernährung für den Menschen also viel natürlicher und gesünder ist als das Essen von Fleisch, fällt es vielen nicht leicht, sogleich auf eine rein vegetarische Ernährung umzustellen. Dies hat zum einen mit Gewohnheit und sozialem Druck zu tun, des öfteren aber auch mit einer nicht erkannten Sucht. Wie bereits erwähnt wurde, enthält das Fleisch gewisse Stoffe (Zerfallsprodukte und chemische Zusatzstoffe), die eine physische Abhängigkeit erzeugen. Dies zeigt sich jedoch erst dann, wenn der Körper diesen «Stoff» nicht mehr bekommt. Die betroffene Person wird anfänglich unter einer Art Entzugserscheinung leiden (unbändiges Verlangen nach Fleisch, Nervosität, Gereiztheit sowie ein Gefühl, «nicht richtig gegessen» zu haben).

Hinzu kommt, daß die Verdauungsorgane bei vielen Menschen durch die industrialisierte Kost geschwächt und durch die Übermengen an Gluten «verklebt» sind. Wenn sich der Körper nun auf eine gesunde, reinigende Nahrung einstellt, führt dies in der Anfangsphase zu einer Entgiftung. Wenn zum Beispiel frische Früchte Blähungen auslösen, so ist dies nichts anderes als ein Anzeichen dafür, daß die Reinigung des Körpers, angefangen mit dem Abbau der «Verklebungen», einsetzt. Wer sich von diesen sogenannten Erstverschlimmerungen nicht irremachen läßt, wird sehr bald spüren, daß diese Nebenerscheinungen abklingen und daß der gereinigte Körper fähig wird, aus der gesunden Nahrung reichlich Vitalstoffe aufzunehmen, was zu einem Gefühl von Leichtigkeit und neuer Energie führt.

Bei der Umstellung auf eine vegetarische Ernährungsweise sind zuweilen gewisse Fleischersatzprodukte (aus Seitan, Lupinen, Soja usw.) anfangs eine willkommene Erleichterung. Viele nutzen den Schwung dieser positiven Umstellung auch dazu, sich gesamthaft bewußter und gesünder zu ernähren, indem sie ihren Konsum an Weißmehl, raffiniertem Zucker, nähr-

Vegetarische Ernährungsempfehlung

Körperliche Aktivität, frische Luft, Sonnenlicht (täglich mind. 30 Minuten)
Wasser und andere alkoholfreie, ungesüßte Getränke (täglich 1-2 Liter)
Frisches Obst (tägl. mind. 300g) und **Gemüse** (tägl. mind. 400g), ergänzt durch Trockenfrüchte und Säfte → Vitamine, Mineralstoffe, sekundäre Pflanzenstoffe (Kalzium, Magnesium, Eisen, B12 usw.), Ballaststoffe
Getreide (am besten Vollkorn: Brot, Nudeln, Reis, Suppen usw.) und **Kartoffeln** → Protein, Kohlenhydrate, Ballaststoffe, sekundäre Pflanzenstoffe, B-Vitamine, Mineralstoffe
Nüsse, Samen (täglich 30-60g) → essentielle Fettsäuren, Protein, Vitamin E, sekundäre Pflanzenstoffe, Mineralstoffe, Eisen
Eiweißprodukte: Hülsenfrüchte wie Erbsen, Bohnen, Kichererbsen, Linsen usw. sowie Sojaprodukte und andere Fleischalternativen (täglich 50-150g) → Protein, Ballaststoffe, B-Vitamine, Mineralstoffe
Pflanzliche Öle und Fette (täglich 2-4 EL) → essentielle Fettsäuren
Milchprodukte (täglich 0-250g) → Vitamine B2 und B12, Protein
Eier (0-2 Stück pro Woche) → Protein, Vitamine A, D und B12 sowie Eisen, aber auch gesättigte Fettsäuren, Cholesterin und chem. Zusatzstoffe
Snacks, Süßigkeiten, Alkoholgetränke (keine oder nur in Maßen)

[Quelle: VEBU / Claus Leitzmann & Markus Keller: *Vegetarische Ernährung* / Design: Leesbat.com] stoffarmen Fertiggerichten und dergleichen reduzieren. Statt dessen achten sie vermehrt darauf, vollwertige und abwechslungsreiche Nahrung, bestehend aus frischem Obst, Salaten und Gemüse, zu sich zu nehmen. All dies wird sich sehr bald in einem neuen, verfeinerten Lebensgefühl bemerkbar machen.

Gesundheitliche Aspekte – Fazit

Jährlich werden in den Industrienationen Unsummen in vielfacher Milliardenhöhe ausgegeben, um die gesundheitlichen Schäden der Bevölkerung zu behandeln – wobei immer neue Probleme hinzukommen. Die auffällige Gemeinsamkeit all dieser verschiedenen kranken Menschen ist ihre «normale» bürgerliche Kost.

Mittlerweile ist es längst erwiesen, daß viele körperliche Beschwerden und Krankheiten, vor allem die Zivilisationskrankheiten, in direktem Zusammenhang mit einer falschen Ernährungsweise stehen, insbesondere einer Ernährung mit zuviel Fleisch und Milchprodukten. Würde genausoviel Geld in die Aufklärung investiert wie in die nachträgliche Behandlung, die meistens nur eine Symptombekämpfung darstellt, dann wäre der Gesundheit der Bevölkerung zweifelsohne mehr gedient.

> **Die Menschen unseres Kulturkreises könnten also allesamt problemlos vegetarisch oder vegan leben; es gibt keinen einzigen medizinischen oder ernährungswissenschaftlichen Grund, warum wir Fleisch essen müßten, wohl aber zahlreiche Gründe, warum wir unserer Gesundheit zuliebe darauf verzichten sollten.**

Und die eigene Gesundheit ist beileibe nicht die einzige Verantwortung, die wir haben: Der zivilisierte Mensch ist heute aufgefordert, über seinen Tellerrand hinauszuschauen.

Kapitel 2
FLEISCHPRODUKTION, WELTHUNGER UND NATURZERSTÖRUNG

«Die Erde hat genug für die Bedürfnisse eines jeden Menschen, aber nicht für seine Gier.»
(Mahatma Gandhi)

Im 4. Jahrhundert v.Chr. verfaßte der griechische Philosoph Platon sein berühmtes Werk *Politeia* (dt. *Der Staat*), das verschiedene Reden seines Lehrers Sokrates enthält. Unter anderem spricht Sokrates darüber, wie ein Staat seine wirtschaftliche Grundlage gesund erhalten kann. Er betont dabei, daß dies am besten auf der Grundlage einer allgemeinen vegetarischen Ernährung möglich ist: «So werden sie ihr Leben friedlich und gesund hinbringen und aller Wahrscheinlichkeit nach wohlbetagt sterben, ihren Nachkommen ein ebensolches Leben hinterlassend.»

Danach warnt Sokrates, daß mehr Weideland benötigt werde, sobald die Menschen begännen, den Tierbestand zu erhöhen, um zusätzlich Schlachttiere zu halten: «Und das Land, das ursprünglich groß genug war, um all seine Bewohner zu ernähren, wird auf einmal zu klein sein. Also werden wir von den Nachbarn Land abschneiden müssen, wenn wir genug haben wollen zur Viehweide und zum Ackerbau, und sie auch wiederum von unserem, wenn sie sich ebenfalls gehen lassen und – die Grenzen des Notwendigen überschreitend – nach unangemessenem Besitz streben. Und so werden wir von dann an Kriege führen müssen.» (*Politeia,* II.13-14)

Es ist bemerkenswert, daß dem Philosophen Sokrates nicht nur die ethischen und gesundheitlichen Nachteile des Fleischessens bekannt waren, sondern offensichtlich auch die ökonomischen. Er weist mit Recht darauf hin, daß die Erde genug Nahrung für alle ihre Bewohner hervorbringt, daß aber ein Fehlverhalten von nur wenigen Menschen schon weittragende Folgen haben kann.

Welch verhängnisvolles Ausmaß diese Folgen heute angenommen haben, geht allerdings weit über Sokrates' Befürchtungen hinaus. Der Teufelskreis, der durch den Konsum von Fleisch ausgelöst wird, ist wahrscheinlich das typischste Beispiel für den Zusammenhang von menschlicher Unvernunft und blinder Zerstörung.

Nahrungsmittel- und Geldverschwendung

Fleisch ernährt wenige auf Kosten vieler, denn für die Produktion von Fleisch wird wertvolles Getreide, das die Menschen direkt ernähren könnte, an Tiere verfüttert; in Europa sind das etwa 60% des erzeugten Getreides. Laut amtlichen Angaben des Landwirtschaftsministeriums der Vereinigten Staaten werden in Amerika über 90% des angebauten Getreides an Schlachttiere (Rinder, Schweine, Schafe, Hühner usw.) verfüttert. Oder anders ausgedrückt: An die Schlachttiere Amerikas wird jährlich mehr Getreide verfüttert, als die Bevölkerung von Indien und China zusammengenommen zur Ernährung braucht! (aus: *Das Brot des Siegers*, S. 27)

Weltweit gesehen, wird rund 40% der gesamten Getreideernte an Vieh verfüttert. Von der Getreidemenge, mit der man 100 Schlachtkühe ernährt, könnte man 2000 Menschen Nahrung bieten.

Alle Schlachttiere auf der ganzen Welt zusammengenommen verbrauchen eine Futtermenge, die dem Kalorienbedarf von 8,7 Milliarden Menschen entspricht – das ist mehr als die gesamte Weltbevölkerung!

Dieses Verfahren, hochwertige pflanzliche Nahrungsmittel in Fleisch umzuwandeln, ist über alle Maßen verschwenderisch, denn Fleischproduktion ist, was Nahrungsmittelerzeugung betrifft, die schlechteste Form der Bodennutzung: Um ein Rind ein Jahr lang zu mästen, benötigt man 0,5 ha Land. Nach einem Jahr erhält man von diesem Tier rund 300 kg eßbares Fleisch. Hätte man während dieses Jahres auf derselben Fläche Getreide oder Kartoffeln angepflanzt, hätte man (mit Bio-Anbau) mindestens 2000 kg Getreide bzw. 15 000 kg Kartoffeln ernten können!

Anders ausgedrückt: Ein einziges Steak von 225 Gramm enthält soviel Pflanzenenergie, wie benötigt wird, um einen Tag lang rund 40 hungernde Menschen zu ernähren!

Diese offensichtliche, aber vielfach verdrängte Tatsache wird auch von der namhaften *Brockhaus Enzyklopädie* erwähnt: «Aus sozioökonomischer Sicht kommt zur Deckung eines angesichts der zunehmenden Weltbevölkerung steigenden Protein- und Kalorienbedarfs nach Auffassung von Experten nur eine Erhöhung des vegetabilen Nahrungsanteils in Frage. Der Umweg über das Tier gilt als besonders verschwenderisch; zur Bildung von 1 kg tierischem Protein werden 5-10 kg Pflanzeneiweiß verbraucht. In Wohlstandsländern wird etwa die Hälfte des Getreides an das Vieh verfüttert oder zu Alkohol umgewandelt. Mit vegetarischer Mischkost können somit erheblich mehr Menschen ernährt werden als mit herkömmlicher Kost.» (*Brockhaus Enzyklopädie in 24 Bänden*, 19. Auflage 1994, Stichwort «Vegetarismus»)

Die genannte Verschwendung geschieht willentlich und mit knallhartem Kalkül. In den letzten sechzig Jahren, das heißt seit dem Zweiten Weltkrieg, haben finanzstarke Konzerne begonnen, zahllose landwirtschaftliche Kleinbetriebe aufzukaufen und in riesige Kommerzfarmen umzuwandeln, um so das

Land mit Monokulturen auszubeuten. Dadurch warfen diese Großplantagen (die hauptsächlich europäischen, amerikanischen und japanischen Chemie-, Versicherungs- und Bankriesen gehören) dreifache und noch höhere Getreideerträge ab. Dies war nur möglich durch den Einsatz von hochtechnologischen Maschinen, chemischem Dünger und Agrargiften. Um zu verhindern, daß aufgrund dieser Überproduktion von Getreide die Preise sinken, mußten die Ernteerzeugnisse «vom Markt ferngehalten» werden, das heißt im Klartext: sie «mußten» entweder gänzlich vernichtet oder aber in großen Mengen verschwendet werden.

Man stand also vor der Frage, wie man den Getreideüberschuß möglichst profitbringend loswerden konnte. Die Antwort lag auf der Hand: durch vermehrte Fleischproduktion! Und die Rechnung war einfach: Man mästet Schlachttiere mit der überproduzierten Nahrung, die an sich ein totes Kapital darstellt, und verkauft das Fleisch alsdann mit hohem Gewinn.

Diese Politik führte dazu, daß mittlerweile etwa 80% der landwirtschaftlichen Flächen weltweit für die Viehzucht und Viehhaltung genutzt werden. Und die Prognosen sehen düster aus: Wenn die Entwicklung so weitergeht, werden im Jahr 2050 die Schlachttiere genauso viel pflanzliche Nahrung verbrauchen wie vier Milliarden Menschen. Doch dafür wird gar nicht genug Anbaufläche vorhanden sein …

Tiere fressen eine viel größere Menge Futter, als ihre Schlachtung Fleisch ergibt, und von allen Tieren ist das Rind am wenigsten dazu geeignet, pflanzliches Protein in tierisches Protein zu verwandeln. Rindfleisch stellt also die «ideale» Verschwendung dar: Ein Kilogramm Rindfleisch entspricht rund 10 Kilogramm Getreide oder Sojabohnen. Die restlichen 9 Kilogramm – also 90% – sind für den Menschen verloren! (Das entsprechende Verhältnis beim Schweinefleisch beträgt rund 1:8, bei Geflügel rund 1:4, bei Eiern rund 1:3 und bei Milch rund 1:5.)

Diese Verschwendungstaktik der multinationalen Großkonzerne führte zu einem explosionsartig gesteigerten Fleischangebot, und so mußte dem Volk der wachsende Fleischberg irgendwie schmackhaft gemacht werden. Über eine großangelegte Werbung und «wissenschaftliche» Propaganda wurde verkündet, Fleisch sei gesund und wichtig, der Mensch brauche viel Protein, pflanzliches Protein sei minderwertig, Vegetarier hätten Mangelerscheinungen, usw. Leider wird dieser von der Fleischindustrie in die Welt gesetzte Unsinn auch heute noch von nicht wenigen Ärzten, Medizinprofessoren und -studenten geglaubt und verkündet.

Die Fleischwirtschaft ist also maßgeblich für die Vernichtung von Nahrungsmitteln verantwortlich. Und dennoch wird die Fleischproduktion immer wieder durch neue Gesetze mit riesigen Subventionen gefördert (beispielsweise betragen die jährlichen EU-Subventionen allein für Rinder über 2,5 Milliarden Euro!). Während die Fleischpreise mit solchen Subventionen, das heißt mit unseren Steuergeldern, künstlich niedriggehalten werden, haben Bio-Bauern, die «nur» Obst und Getreide produzieren, große Mühe zu überleben. Nahezu alle Bauern sagen, daß sie ohne Fleischproduktion nicht existieren könnten.

Stellvertretend für alle kritischen Stimmen sei hier Prof. Hermann Priebe zitiert, der für viele Jahre Berater der deutschen Regierung in Fragen der Agrarpolitik und der europäischen Agrarkommission in Brüssel war. Bereits 1985 warnte er in seinem Buch *Die subventionierte Unvernunft* vor «den Folgen der Brüsseler Politik sowohl für das traditionelle Bauerntum als auch für den Naturhaushalt». Was bedeutet diese Politik? Prof. Priebe: «Jedes Jahr fließen 16 Milliarden Mark in unsere Landwirtschaft. Das ist weit mehr, als sie erwirtschaftet. Noch grotesker: In Kalorien gerechnet, verbrauchen die Landwirte mehr Energie, als sie erzeugen.»

An diesem Mißstand hat sich bis heute nicht viel geändert. (Weltweit nimmt die Fleischproduktion sogar zu.) Die intensive Monokultur und Tiermast wird von der EU mit «Förderungsgeldern» in Milliardenhöhe unterstützt, wodurch die gesamte Wirtschaft in ihrer ausbeuterischen und lebensfeindlichen Haltung weiter bestärkt wird. Aufgrund der vielen Maschinen, des hybriden Saatguts, der gewaltigen Menge an Düngemitteln, Pestiziden, Mastmitteln usw. sowie der ständig neuen Krankheiten bei Pflanzen und Tieren kostet die Land-, Tiermast- und Forstwirtschaft wesentlich mehr, als sie einbringt. Diese Kluft soll nun durch eine weitere Steigerung der Ernteerträge überwunden werden – «dank» Genveränderung des Saatgutes.

Statt die offensichtlich falsche, nur auf Profitsucht basierende Grundausrichtung zu ändern, wollen nun die Gentech- und Pharma-Firmen die Produktion auf Teufel-komm-raus bis ins Extrem steigern. Aber trotz der schönen Versprechungen von ihrer Seite zeigen sich bereits heute viele neue Probleme dieser Entwicklung, und zwar solche von nochmals anderer Tragweite als die bereits vorhandenen.

Hunger in den «Entwicklungsländern»

Wohlstandsländer verschwenden nicht nur ihr eigenes Getreide, indem sie es an ihre Schlachttiere verfüttern, sondern verwenden für diesen fragwürdigen Zweck auch Futtermittel, die in den sogenannten «Entwicklungsländern» angebaut werden. Dadurch wird den lokalen Bauern lebensnotwendiges Acker- und Weideland geraubt, was das soziale und ökonomische Gleichgewicht in diesen Ländern zerstört. Die für den Export angelegten Monokulturen führen zu Nahrungsmittelknappheit im eigenen Land, die großen Billigfleisch-Viehherden verursachen durch ihren enorm hohen Wasserverbrauch ein Sinken des Grundwasserspiegels, usw. Diese Mißstände machen zwar wenige Profiteure superreich, stürzen aber ganze Länder in Importabhängigkeit, Verarmung und Verschuldung.

Als Beispiel sei der in Thailand angebaute und hauptsächlich für die europäische Schweinemast bestimmte Maniok genannt, eine Kulturpflanze, aus deren Wurzelknollen das Tapioka-Stärkemehl gewonnen wird. Seit 1979 wurde in Thailand der Anbau von Maniok verdreißigfacht, während gleichzeitig der Wald von 72% auf 10% der Landfläche schrumpfte! Knapp die Hälfte der Kleinkinder im Hauptanbaugebiet des Maniok sind unterernährt, über ein Zehntel haben Mangelerscheinungen, und jährlich sterben 60 000 thailändische Kinder an Hunger.

Weltweit sind über eine Milliarde Menschen permanent schwer unterernährt und vom Hungertod bedroht. In vielen dieser Länder werden auf den landwirtschaftlichen Flächen jedoch große Mengen an pflanzlicher Nahrung angebaut und in die Industrieländer exportiert, um dort als Mastfutter für Schlachttiere Verwendung zu finden.

Der renommierte Harvard-Ernährungswissenschaftler Prof. Jean Mayer (1920–1993) hat bereits vor vielen Jahren errechnet: Jeden Tag (!) sterben weltweit Zehntausende Kinder an Unterernährung; in einem Jahr sind das rund 15 Millionen. Wenn allein die Bürger der USA jährlich ihren Fleischkonsum um nur 10% einschränken würden, könnten mit den eingesparten Nahrungsmitteln während derselben Zeit rund 60 Millionen Menschen weltweit ernährt werden!

Bruce Friedrich, der Vizepräsident der weltweit größten Tierschützer- und Vegetariervereinigung PETA (People for the Ethical Treatment of Animals), führt folgende aktuellen Zahlen an: «Der Sonderbeauftragte der Vereinten Nationen hat es ein ‹Verbrechen gegen die Menschlichkeit› genannt, 100 Millionen Tonnen Mais und Getreide zum Treibstoff Ethanol umzuwandeln, während fast eine Milliarde Menschen hungert. Was für ein Verbrechen ist da erst die Nutztierhaltung, die jedes Jahr 756 Millionen Tonnen Mais und Getreide verbraucht, mehr als genug, um die 1,4 Milliarden Menschen ausreichend zu ernähren, die in schlimmster Armut leben! Und in diesen

756 Millionen Tonnen sind noch nicht einmal die 220 Millionen Tonnen Soja enthalten – 98 Prozent des weltweiten Ertrages –, die ebenfalls in der Tiermast verfüttert werden.»

In ihrer Broschüre *Vegetarisches Starter Kit* klärt PETA Deutschland weiter auf: «Achtzig Prozent der hungernden Kinder leben in Ländern, die tatsächlich über Nahrungsüberschüsse verfügen; doch sie müssen hungern, weil Farmer das überschüssige Getreide an Tiere verfüttern, nicht an hungrige Menschen.»

Der oben erwähnte Sonderbeauftragte der Vereinten Nationen ist Prof. Jean Ziegler, von 2000 bis 2008 Sonderberichterstatter der UNO-Menschenrechtskommission für das Recht auf Nahrung und heute Mitglied des Beratenden Ausschusses des UNO-Menschenrechtsrats. Er schreibt in seinem Buch *Wie kommt der Hunger in die Welt?* (2000): «Infolge der globalisierten, wild wütenden Kapitalmärkte ist eine Weltordnung entstanden, die den Lebensinteressen der großen Mehrheit zuwiderläuft. Von 6,2 Milliarden Menschen leben 4,8 in einem der 122 sogenannten Entwicklungsländer, meist unter unwürdigen Bedingungen. 100 000 Menschen sterben jeden Tag an Hunger oder seinen unmittelbaren Folgen. Alle sieben Sekunden verhungert ein Kind unter zehn Jahren. Dieser tägliche, stille Völkermord geschieht auf einem Planeten, der vor Reichtum überquillt. Dabei könnte die Erde problemlos 12 Milliarden Menschen hinreichend ernähren. Hunger ist kein Schicksal. Hinter jedem Opfer steht ein Mörder.»

Jean Ziegler ist konsequenterweise Vegetarier. In einem Brief an die Autoren des vorliegenden Buches schreibt er, stellvertretend für all diejenigen, die diese Zusammenhänge erkannt haben: «Diesen fürchterlichen Massenmord will ich nicht mehr mitmachen. Kein Fleisch zu essen ist ein minimaler Anfang.»

Aufgrund dieser Tatsachen weisen ganzheitlich denkende Wirtschaftsexperten darauf hin, daß das Welthungerproblem, unter dem seit Jahrzehnten rund drei Viertel der Erdbevölkerung leiden, im Grunde leicht zu lösen wäre. Denn nicht die angebliche Überbevölkerung ist die Ursache der Nahrungsmittelknappheit, sondern der *Mißbrauch* von Nahrungsmitteln.

> **Wir produzieren mehr als genug Nahrungsmittel für alle Menschen auf unserem Planeten, doch wir verteilen sie ungerecht, indem wir sie *verschwenden,* das heißt vor allem, indem wir sie an Schlachttiere verfüttern (oder tonnenweise ins Meer schütten, um den Preis stabil zu halten).**

Halten wir uns also vor Augen: Millionen von Menschen sterben überall auf der Welt an Hunger, während internationale Großkonzerne mit Fleisch und verwandten Produkten Profite in Milliardenhöhe scheffeln, nicht zu vergessen die agrotechnischen und agrochemischen Industrien, die Verarbeitungsindustrie und die mit diesen Lobbies verbundenen Politiker.

Zerstörung der ökologischen Lebensgrundlagen

«Die Regenwälder Amazoniens und Südostasiens werden gerodet, um Platz für Rinderfarmen und für den Anbau der Futtermittel zu schaffen, auf welche die europäische Landwirtschaft dringend angewiesen ist. Da die tropischen Regenwälder hochempfindliche Ökosysteme sind, kann schon die Abholzung weniger Hektare eine Art, die gerade dort ihre ökologische Nische gefunden hat, vollständig ausrotten.» (*Spektrum der Wissenschaft,* Mai 2005, S. 100)

Der tropische Regenwald, Hauptquelle der Sauerstoffproduktion für den gesamten Planeten, hatte noch im Jahre 1945 eine Ausdehnung von 16 Millionen Quadratkilometern. Seit Jahrzehnten wird der Regenwald jedoch systematisch abgeholzt. Täglich verschwinden rund 30 000 Hektar, das heißt:

pro Minute eine Fläche von 35 Fußballfeldern! Gleichzeitig wachsen die Steppen- und Wüstenflächen täglich um 20 000 Hektar. Der *Fischer Weltalmanach* (Ausgabe 2004) gibt hierzu folgende weitere Daten an: «Von mäßiger bis starker Wüstenbildung betroffen sind heute mehr als 110 Länder und mehr als 70% der landwirtschaftlich genutzten Trockengebiete. Dürre und Bodenverödung bedrohen das Leben von weltweit 1,2 Mrd. Menschen, die zur Sicherung ihrer Grundbedürfnisse auf das Land angewiesen sind.»

In den letzten Jahrzehnten ist die «grüne Lunge» unseres Planeten weltweit um rund 70% geschrumpft! Wo vorher die üppige tropische Vegetation vielen Tier- und Pflanzenarten Lebensraum bot, setzt nach der Rodung sofort die Bodenerosion ein, und nach wenigen Jahren bleibt nichts anderes zurück als eine karge Steppen- und Wüstenlandschaft.

Verantwortlich hierfür sind die Papier- und Holzmultis, aber auch die internationalen Fleisch- und Hamburgerkonzerne, die den gerodeten Dschungel als Weideflächen für ihre Schlachttierherden oder als Ackerland für riesige Futtermittelplantagen (Soja, Maniok, Mais usw.) verwenden.

Für einen einzigen Hamburger müssen vier bis fünf Quadratmeter Regenwald in Weide- oder Ackerland umgewandelt werden, das binnen zwei bis drei Jahren zur Wüste wird! «Das reichste Ökosystem der Erde wird zu Hamburgern, Sperrholz und Packpapier verarbeitet – für Europäer, Amerikaner und Japaner», schrieb die *Neue Zürcher Zeitung* bereits im Jahr 1983 (Ausgabe vom 30. März). Und daran hat sich in den nachfolgenden Jahren offensichtlich nichts geändert.

Zerstört wird aber nicht nur der Urwald, sondern auch die Lebensgrundlage von vielen Millionen Kleinbauern. In den «Entwicklungsländern» wurden zahlreiche kleinbäuerliche Familien von den Privatarmeen der multinationalen Konzerne von ihrem Land vertrieben, entweder durch brachiale Gewalt oder durch forcierte Ruinierung. Die meisten dieser Menschen endeten letztlich in den Slums der dortigen Großstädte, die auf diese Weise während der letzten dreißig Jahre zu überquellenden Millionenstädten angewachsen sind.

Um immer größere Erträge aus dem Boden zu stampfen, werden Unmengen an Agrargiften (Pestizide, Bakterizide, Herbizide, Fungizide, Insektizide, Düngemittel usw.) und zunehmend auch genmanipuliertes Saatgut eingesetzt. Der Kreis schließt sich schnell, wenn Rückstände dieser Gifte über das Fleisch der entsprechend gefütterten Tiere ganz legal auf dem Teller der amerikanischen und europäischen Fleischesser landet.

Dieser Teufelskreis hört aber damit nicht auf. Die Liste der negativen Folgen der Profitwirtschaft und des Fleischkonsums umfaßt noch viele weitere Punkte. Die gravierendsten sind:

Überdüngung: Im Jahr 2004 umfaßte der Nutztierbestand allein in Deutschland rund 15,7 Millionen Rinder, 23,7 Millionen Schweine und 2,5 Millionen Schafe. Seit Jahrzehnten produziert diese unnatürlich hohe Anzahl von Schweinen und Rindern Unmengen an Gülle. Millionen von Litern werden jährlich auf die Felder gekippt, nicht etwa zur Düngung der Felder, sondern zur «Entsorgung» der Gülle, das heißt zur Leerung der sich ständig füllenden Jauchegruben. In Deutschland fallen durch die Masttierhaltung jährlich mehr als drei Tonnen Jauche *pro Einwohner* an, und allein die Schweine produzieren doppelt so viele Exkremente wie die gesamte deutsche Bevölkerung!

In den USA ist die Situation noch dramatischer: Die dort für den menschlichen Verzehr gezüchteten Tiere produzieren 130 mal mehr Fäkalien als die ganze Weltbevölkerung zusammengenommen, nämlich 39 000 kg pro Sekunde. Die American Public Health Association forderte daher angesichts der unzähligen Krankheiten, die mit Tierkot und dem Mißbrauch von Antibiotika zusammenhängen, sogar einen Genehmigungsstop für Massentierhaltungsbetriebe.

Zerstörung der Artenvielfalt und der Bodenqualität: Die Überdüngung durch Gülle tötet im Boden viele Mikroorganismen ab, was die Bodenfruchtbarkeit erheblich vermindert. Dadurch wird die Artenvielfalt der Flora und Fauna zunehmend reduziert. «Nach Angaben einiger Experten verschwinden jährlich bis zu 35 000 Arten für immer von der Erde.» *(Der Fischer Weltalmanach 2004).*

Dies alles hat «in erster Linie die Landwirtschaft zu verantworten. Sie beseitigt oder vereinheitlicht nicht nur sämtliche Landschaftsformen, die ihr bei der Steigerung der Produktion im Wege stehen, und setzt rücksichtslos Herbizide, Pestizide und Fungizide ein. Noch gravierender sind die Schäden, die sie mit ihrem exzessiven Düngemitteleinsatz anrichtet. Deutschland ertrinkt in der Gülle.» (*Spektrum der Wissenschaft,* Mai 2005, S. 99)

Erosion und Humusverlust: Durch die Überdüngung des Bodens werden nicht nur viele Mikroorganismen abgetötet; darüber hinaus wird durch die schweren Landmaschinen auch die Erdkrume (unterhalb der Pflugreichweite) zunehmend verdichtet. Dies führt dazu, daß der mikroorganische Austausch mit den tieferen Erdschichten unterbunden wird, weshalb die obere Humusschicht ihre natürliche Kompaktheit verliert. Als Folge davon werden jährlich weltweit 20 bis 25 Milliarden Tonnen Humus weggeschwemmt oder vom Wind abgetragen. Seit dem Beginn der mechanisierten Landwirtschaft haben wir auf diese Weise bisher rund 20% der weltweit verfügbaren Humusmenge verloren, und die Verantwortung dafür trägt zu 85% die Fleisch- und Milcherzeugung. Die drohende Verknappung fruchtbarer Ackerböden bei gleichzeitig ungebremstem Bevölkerungswachstum wird von vielen Experten als eines der dringlichsten globalen Probleme eingestuft. Seit den achtziger Jahren sind die Zahlen für die weltweite Pro-Kopf-Produktion von Getreide rückläufig, und seit Mitte der neunziger Jahre sinkt auch die Weltgetreideernte insgesamt. Gleichzeitig wird sich der weltweite Fleischkonsum von jetzt bis 2020 voraussichtlich um über 50% steigern – es sei denn, die Menschheit besinnt sich eines Besseren.

Wasserverschwendung und Gewässerverschmutzung: Gemäß aktuellen Zahlen der UNESCO-Organisation IHE (2008) werden 700 Liter Wasser benötigt, um 1 kg Äpfel zu produzieren, 900 Liter für 1 kg Kartoffeln, 1300 Liter für 1 kg Getreide/Brot, jedoch 3000 Liter für 1 kg Eier, 4800 Liter für 1 kg Schweinefleisch und 15 500 Liter für 1 kg Rindfleisch (Mastbetrieb, Stallreinigung, Schlachthof). Das heißt: Um ein einziges 250g-Steak zu produzieren, braucht es rund 4000 Liter Wasser!

Das durch die Fleischproduktion verschwendete und verschmutzte Wasser landet, zusammen mit den Tierexkrementen, auf den Feldern und gelangt von dort aus in Bäche, Flüsse und Seen sowie ins Grundwasser und damit letzten Endes in unser Trinkwasser – zusammen mit allen Pestiziden, Schwermetallen und sonstigen Schadstoffen wie Ammoniak, Salpetersäure, Nitrat und dergleichen. Aufgrund der Verseuchung durch Gülle geschieht es immer wieder, daß in Seen und Bächen ganze Fischbestände umkommen.

Ein drastisches Beispiel aus der Schweiz ist der Sempachersee, in dessen Umgebung viele Schweinemästereien angesiedelt sind. Nach einem massiven Fischsterben im Jahre 1984 mußte dieser See mit Hilfe von teuren technologischen Anlagen neu belebt werden, damit wieder Fischbestände angesiedelt werden konnten. Drei Seen im Schweizer Mittelland (Baldegger-, Hallwiler- und Sempachersee) müssen bis zum heutigen Tag wegen Sauerstoffmangel im Tiefenwasser künstlich belüftet werden. Es wird offiziell zugegeben, daß der größte Teil dieser Verschmutzung aus den «landwirtschaftlich genutzten Böden» stammt. Doch die Tiermäster produzieren weiterhin mit staatlicher Subvention Übermengen an Fleisch und Gülle.

Globale Wasserverschmutzung: Gewässerverschmutzung ist nie nur regional. Dies zeigen uns sterbende Meere wie die Nordsee und das Mittelmeer nur allzu deutlich. Allein in die Nordsee werden jährlich etwa 100 000 Tonnen Phosphate und 1 000 000 Tonnen Nitrate geschwemmt. Diese Substanzen lassen vielfältige Algen gedeihen, was den Lebensraum der dortigen Meeresfauna gefährdet und zu einer weiteren Ursache für ein sporadisches Fischsterben werden kann.

Die genannten Schadstoffe stammen aus der Industrie und den kommunalen Kanalisationen entlang den Zuflüssen und auch – wie hinlänglich erwiesen – zu einem großen Teil aus den kommerziellen Landwirtschaftsbetrieben und Tiermästereien.

Die Massentierhaltung führt zu einer Unmenge von Jauche und Exkrementen, denen Treibhausgase wie Methan und Distickstoffoxid (Lachgas) sowie Ammoniak entweichen. Die Ammoniakwolken aus Mitteleuropa ziehen weit bis in den hohen Norden und lassen überall sauren Regen niedergehen, der den Boden weiter schädigt.

Treibhausgase und Klimawandel: Die Massentierhaltung der Fleischproduktion gehört mit einem Anteil von 18% zu den weltweit größten Erzeugern von Kohlendioxid (CO_2), Methan und anderen «Treibhausgasen», die unsere Atmosphäre und den ökologischen Kreislauf in vieler Hinsicht schädigen. Das ist mehr, als beispielsweise der gesamte Transportsektor verursacht, also sämtliche Autos und Flugzeuge zusammengenommen.

Dieser lange unterschätzte Faktor wurde Ende 2006 durch eine 400seitige wissenschaftliche Publikation der FAO, der Welternährungsorganisation der UNO, in das Bewußtsein der Öffentlichkeit gerückt. Titel dieser Abhandlung: «Der lange Schatten der Massentierhaltung» (*Livestock's long shadow*). In der Einleitung zu dieser Studie heißt es: «Die Massentierhaltung erweist sich als einer der zwei oder drei hauptsächlichsten Faktoren in den größten Umweltproblemen, und zwar auf jeder Ebene, von der lokalen bis zur globalen.»

Diese Studie – zusammen mit dem gleichzeitig immer offensichtlicher werdenden Klimawandel – führte Anfang 2007 vielerorts zu Schlagzeilen. Am 14. Januar 2007 hieß es zum Beispiel auf der Titelseite des *SonntagsBlick*, der Sonntagsausgabe der größten Schweizer Boulevardzeitung: «Kuh-Alarm – Tiere sind schuld am Klima-Schock: Unsere Kühe rülpsen täglich 226 Tonnen Gas.»

Der Artikel verriet folgende Fakten: «Bei 716 000 Kühen (Stand 2002) beläuft sich der Schweizer Methan-Ausstoss täglich auf 226, jährlich auf 82 500 Tonnen. 53 500 Tonnen steuern Rinder, Schafe, Ziegen und weiteres Kleinvieh bei. So viel Methan ist verheerend [...] Unglaublich, aber wahr: Gemäss einer Studie der Welternährungsorganisation FAO ist weltweit die Viehzucht schädlicher fürs Klima als der Verkehr!»

Im Leitartikel der *Focus*-Ausgabe 9/2007 mit der Überschrift «Klimawandel und CO_2 – Was kann ich tun?» heißt es hierzu: «Die Fürze der weltweit 1,5 Milliarden Rinder setzen jährlich

80 Millionen Tonnen Methan frei, das ein 23-Mal größeres Treibhauspotenzial hat als CO_2.»

Beim besonders umweltschädigenden Lachgas, das einen 300-mal stärkeren Treibhauseffekt als CO_2 hat, stammen 65% der globalen Emissionen aus der Viehzucht, vor allem aus Stallmist, sowie dem Futtermittelanbau. Die Tierhaltung ist laut dem Deutschen Umweltbundesamt ebenso für 95% der Ammoniak-Emissionen verantwortlich.

Die naheliegende Tatsache, daß der wahre Grund für all diese schwerwiegenden Probleme durch die industrielle Massentierhaltung nicht die Tiere, sondern die fleischessenden Menschen sind, wird leider in kaum einem dieser Beiträge ausgesprochen.

Deutlich jedoch formulierte es der Direktor des Max-Planck-Instituts für terrestrische Mikrobiologie, Ralf Conrad, in Medienbeiträgen. Zum Problem der Klimabeeinflussung bemerkte er: «Kurz gesagt könnte die Parole lauten: Keine Rinder mehr essen, auf Milchprodukte verzichten!» («Lieber an der Methanschraube drehen», *Klimawandel bremsen: Verzicht auf Rind und Milch*, ORF, 22. Februar 2007)

Es geht hierbei also nicht nur um Rinder; mitverantwortlich sind auch die Milchprodukte. Das Bayerische Staatsministerium für Umwelt und Gesundheit hat ausgerechnet: Bei der Produktion von einem Kilogramm Käse werden 8350 Gramm CO_2-Äquivalente frei. Im Vergleich dazu sind es bei Geflügel 1250 Gramm, bei Gemüse hingegen nur 150 Gramm.

Fazit: Durch die unnatürlichen Monokulturen, durch die Rodung des Regenwaldes, durch die Überdüngung und Zerstörung des Bodens, durch die Gewässerverschmutzung sowie durch die Methangase der Massentierhaltung werden weltweit Schäden verursacht, die mit ihren direkten und indirekten Folgen zunehmend auf die Menschen zurückfallen: ungesunde Lebensmittel, Nahrungsmittelverknappung, Umweltzerstörung, Wüstenausbreitung, Überschwemmungen, usw.

Angesichts all dieser Problempunkte stellt sich die Frage, wie es sich die Menschheit heute leisten kann, *nicht* vegetarisch zu leben.

Durch eine weltweite Förderung der fleischlosen Ernährung könnten zahlreiche ökonomische und ökologische Probleme, die die Welt heute belasten, schnell und unkompliziert gelöst werden (im Gegensatz zum Irrweg der vermeintlichen Ertragssteigerung durch GVO, «gentechnisch veränderte Organismen», die neben allen Problemen und Gefahren auch eine finanziell und technisch überaus aufwendige Forschung erfordern).

So gesehen ist der Vegetarismus – konsequenterweise der Veganismus – die vielversprechendste Ernährungsform der Zukunft.

Kapitel 3
FLEISCHPRODUKTION UND TIERMISSHANDLUNG

«Tiere sind meine Freunde,
und meine Freunde esse ich nicht!»
(George Bernard Shaw)

Die Frage, ob *Fleisch an sich* für den Menschen gesund ist oder nicht, mag in ernährungswissenschaftlichen Kreisen eine Streitfrage darstellen, doch in bezug auf den größten Teil des *heute* verkauften Fleisches läßt sich diese Frage unzweideutig beantworten, wenn wir untersuchen, unter welchen Bedingungen dieses Fleisch «produziert» wird, das heißt, was die Tiere und das Fleisch durchmachen, bevor sie – in schöner Verpackung getarnt – in der Einkaufstasche der Konsumenten landen.

Das Mordsgeschäft der Fleischindustrie

Seit Mitte des 20. Jahrhunderts hat die menschliche Profitgier auch auf die Fleischproduktion übergegriffen, was eine gesteigerte Massentierhaltung und eine intensive Mästung nach sich zog. Heutzutage stammen jährlich etwa 450 Milliarden Schlachttiere aus Massentierhaltung (Fische nicht mit eingerechnet).

Die Zeitschrift *Stern* machte diesen Massenkonsum von Fleisch im Mai 2010 (Ausgabe 22/2010) zu ihrem Titelthema. Unter der Überschrift «Esst weniger Fleisch! – Der Preis ist billig, aber das Fleisch ist schwach» wird ein ehemalig stolzer

Fleischfachmann, Helmut Arms, zitiert: «In 40 Jahren haben es einige wenige Unternehmer erreicht, die Tiermast in eine ethisch verwerfliche, tierquälerische, unhygienische Massentierhaltung zu zwingen und uns Verbrauchern dieses Fleisch auch noch als bäuerliche Wertarbeit anzudrehen. Aber die Qualität sinkt und sinkt und sinkt noch weiter [...] Normalerweise arbeiten Hersteller ständig an Verbesserungen ihrer Produkte. Nicht beim Fleisch.»

Die Zeitschrift *Natur* veröffentlichte über zwanzig Jahre zuvor, in ihrer Ausgabe 2/1987, einen bemerkenswerten Artikel mit dem Titel «Tierische Geschäfte», in dem bereits auf mutige Weise Zusammenhänge zwischen skrupellosen Pharmafirmen, Tiermästern und Schlachthöfen aufgedeckt wurden. Die Problematik der modernen Tierhaltung wurde in diesem Artikel folgendermaßen zusammengefaßt:

«Der Handelskrieg wird über den Preis geführt. Das scheint zunächst im Sinne der Verbraucher zu sein. Doch das Bestehen in diesem Preiskrieg ist nur bei massenhafter Serienproduktion möglich. Keine der Handelsketten kauft 50 Hähnchen beim Bauern ein – sie brauchen 50 000 pro Lieferung. Die ‹Produktion von tierischem Protein› in den Massentierhaltungen hat sich darauf eingestellt. Was der Verbraucher nun zwischen die Zähne bekommt, ist gewürzt mit Wachstumsförderern, Hormonen, Antibiotika und Beruhigungsmitteln. Im besten Falle erhält er billiges, nährstoffarmes, aufgeblasenes Fleisch – im schlimmsten Falle ist es vergiftet. [...] Was in den Massentierhaltungen und Schlachthöfen geschieht, wird mühelos verdrängt.»

Und verdrängt wird vieles. Wenn ab und zu Beispiele für solche Mißstände durch die Medien publik werden, ist die Öffentlichkeit zutiefst schockiert. So schrieb das Magazin *Der Spiegel* (33/1988) in seiner Titelgeschichte «Die Schweinerei mit dem Fleisch»: «Die bundesdeutsche Landwirtschaft erlebt den größten Hormon-Skandal ihrer Geschichte. Illegale Händlerringe und gewissenlose Veterinäre verdienen an der Tiermast als ‹Mafia im Fleischgeschäft›. [...] Unters Fell gespritzt und in den Futtertrog gekippt wird nahezu alles, was die Pharma-Industrie so produziert, um Rind, Schwein oder Huhn bis hin zur Schlachtbank auf den Beinen zu halten. [...] Wenn Schweine, damit es sich lohnt, innerhalb von 180 Tagen zu Zwei-Zentner-Fleischbergen hochgepäppelt werden, wächst das Knochengerüst nicht schnell genug mit, die Tiere brechen unter dem eigenen Gewicht zusammen.»

Nach der Tötung der Tiere kommen viele weitere künstliche Substanzen ins Fleisch, angefangen mit chemischen Konservierungsmitteln, damit keine üblen Gerüche dem Käufer des oftmals tage- oder wochenalten Fleisches den Appetit verderben. Ein weiteres Problem ist die Farbe des ausgebluteten Fleisches, das in vielen Fällen gelblich oder grau-grünlich wird und deshalb nachträglich rot gefärbt werden muß, da es sonst nicht verkaufbar wäre.

Wie bereits erwähnt, enthält das Konsumfleisch auch noch viele andere naturfremde «Zutaten», welche das Fleischessen heutzutage immer mehr zu einem ernstzunehmenden Gesundheitsrisiko machen: Tierarzneimittel, Antibiotika (weltweit landet mehr als die Hälfte der Antibiotika-Produktion in den Tierställen; in Deutschland sind das jährlich 780 Tonnen), Rückstände aus dem Futter (z.B. Pestizide; Fleisch ist mit Abstand das pestizidbelastetste Nahrungsmittel), Hormone und Östrogene (als Muskelwachstumsförderer; diese sind zwar verboten, aber schwer nachweisbar).

Es sei hier nur an die aufsehenerregenden Dioxin-Skandale 1999 in belgischen Geflügelmastbetrieben und 2010/2011 in Deutschland oder an den sogenannten «Gammelfleisch»-Skandal Ende 2005 erinnert, bei dem verschiedene deutsche Fleischverarbeiter Schlachtabfälle und bereits verdorbenes Fleisch umetikettierten und als Nahrungsmittel verkauften.

Eine weitere, noch schwer abschätzbare Gefahr wurde am 8. Juli 2010 in der SWR-Sendung *Odysso* zur Sprache gebracht: gekühltes, vakuumiertes Rindfleisch, das mit einem bislang nahezu unbekannten Keim befallen ist: Clostridium estertheticum. Dieses höchst widerstandsfähige Bakterium, das einen ekelerregenden Geruch produziert, ist noch relativ unerforscht, es steht jedoch fest, daß es starke Gifte bildet.

Umstritten ist auch die Frage nach den Ursachen der BSE-Erkrankung, des sogenannten «Rinderwahnsinns» *(bovine spongioforme Enzephalopathie)*. Geht sie darauf zurück, daß man an Rinder, die von Natur aus pflanzenfressende Tiere sind, Fleischmehl aus Schlachtabfällen verfüttert hat, oder war sie vielleicht eine «Nebenwirkung» gewisser Chemikalien, die den Tieren zum Beispiel über Impfungen verabreicht wurden?

Zusätzlich zum Risiko, daß Fleisch alt oder «gepanscht» und mit vielen Chemikalien versetzt sein kann, muß immer mehr auch mit dem Vorhandensein verschiedenster Viren gerechnet werden, die zu Seuchen führen können, wie der in regelmäßigen Abständen auftretenden Maul- und Klauenseuche.

Weitere brisante Beispiele sind die sogenannte «Geflügelpest», die seit 2005 als «Vogelgrippe» bezeichnet wird, sowie die sogenannte «Schweinegrippe», die 2009/2010 zu einer weltweiten Pandemie-Panikmache führte. Was auch immer die Ursachen dieser «Grippen» sein mögen und was auch immer damit bezweckt wird – eines ist unbestreitbar: Wer unter diesen von Menschen verursachten bzw. inszenierten Problemen zuerst zu leiden hat, sind die Tiere. Immer wieder werden ganze Tierbestände «notgeschlachtet», manchmal sogar lebendig verbrannt oder in Massengräbern zugeschüttet. Ist das Fleischessen diesen ganzen «Menschenwahnsinn» wert?

Doch nicht nur Fleisch-, sondern auch Milchprodukte sind Teil des Risikos. So kam es im Juni 2005 in der Schweiz zu einer Verbreitung von Listeriose-Bakterien über Tomme-Käse, was zu gesundheitlichen Notfällen, Fehlgeburten und sogar zu Todesfällen führte. Bereits im Jahr 1987 waren in der Schweiz Menschen nach dem Verzehr von Listeriose-verseuchtem Käse ums Leben gekommen; viele Tonnen Käse mußten daraufhin

Der amerikanische Schriftsteller und Literaturnobelpreisträger *Isaac Bashevis Singer* (1904–1991) war ein überzeugter Vegetarier. Als er einst beim Lunch Huhn ablehnte, bemerkte eine anwesende Frau zustimmend, ihre eigene Gesundheit habe sich deutlich verbessert, seit sie sich ebenfalls vegetarisch ernähre.

«Ich bin nicht um meiner Gesundheit willen Vegetarier geworden», erwiderte daraufhin Mr. Singer, «sondern für die Gesundheit der Hühner.»

vernichtet werden. Auch in Deutschland rief eine bekannte Discounter-Kette zu Beginn des Jahres 2010 verschiedene Käsesorten zurück, in denen erhöhte Listerienwerte festgestellt worden waren.

Aus ähnlichen Gründen fallen auch immer wieder riesige Fleischmengen durch die Kontrollen und müssen in der Folge «entsorgt» werden. Das heißt, was unter großer Tierqual und mit immenser Ressourcen-Verschwendung «produziert» wurde, wird am Schluß vernichtet.

All diese Faktoren machen Fleisch, Fisch und Geflügel zu einem unberechenbaren Gefahrenherd für die menschliche Gesundheit. Warum aber hat keine staatliche Institution den Mut zur Aussage, daß der Verzehr von Fleisch zunehmend riskanter wird? Warum besteht die Schadensbegrenzung bis jetzt hauptsächlich im Töten von vielen Millionen von Tieren und in der Empfehlung, das «sichere» Fleisch der jeweils gerade nicht betroffenen Tierarten zu essen? Warum gab es bislang keine öffentlichen Empfehlungen, den Fleischkonsum generell zu reduzieren oder aufzugeben?

Erfreulicherweise wird in der Diskussion um die vielen Fleischskandale nun vermehrt der Vegetarismus als «Alternative» erwähnt, auch von den großen Medien. So schrieb die Zeitschrift *Stern* im Januar 2011 (Ausgabe 4/2011) auf ihrer Titelseite: «Fleischlos glücklich – Warum es heute hip ist, vegetarisch zu essen». Bereits in früheren Ausgaben hatte der *Stern* mehrfach die Themen Vegetarismus und Reduktion des Fleischkonsums aufgegriffen. Der Leitartikel der Ausgabe 4/2011 begann mit folgenden Worten: «Sind Vegetarier die besseren Menschen? [...] – Fleischverächter gelten als cool und modern – und genießen Zuspruch wie nie». Im Artikel konnte man folgende, vor Jahren noch undenkbaren Zeilen lesen: «Viele von uns sind unsicher und einige fragen sich nun, ob Vegetarismus nicht doch der Ausweg aus den Lebensmittelskandalen ist. Ob Vegetarier keine Appetitverderber sind, sondern die wenigen, die noch mit Appetit essen können, weil sie sich darüber Gedanken machen, was sie essen. Ob man sich deshalb die Argumente der Vegetarier nicht doch einmal anhören sollte, bevor man das mit dem Dioxin so schnell wieder verdrängt wie damals den Skandal um das Gammelfleisch.»

Bereits im Herbst 2010 hieß es in den *ARD-Tagesthemen* (Sendung vom 25. Oktober 2010 im Rahmen der Themenwoche «Essen ist Leben»): «Galt der Vegetarier noch vor wenigen Jahren für viele als ein eher schrulliger Geselle, so essen nun immer mehr Tofu statt Tierschnitzel.» Auch Vegetarier Prof. Claus Leitzmann bemerkt: «Die Kritik ist verstummt. Die Zustimmung wird kommen.»

Tödliche Brutalität

Die offiziellen Zahlen der eigens für den menschlichen Verzehr geschlachteten Tiere sind ungeheuerlich: Allein in den USA werden für die Fleischerzeugung jährlich mehr Tiere getötet, als es Menschen auf der Erde gibt, nämlich über zehn Milliarden! In Deutschland (Stand 2009) verlieren pro Jahr rund 56 Millionen Schweine, 3,8 Millionen Rinder, 1 Million Schafe sowie über 600 Millionen Hühner und Enten ihr Leben, das sind insgesamt über 1,8 Millionen Tiere jeden Tag oder rund 1250 pro Minute – Tag und Nacht!

Alles in allem werden Jahr für Jahr weltweit über 50 Milliarden Stall- und Weidetiere für die fleischessenden Menschen geschlachtet, und die Zahl der jährlich getöteten Fische geht in die Billionen. (In diesen Zahlen sind die rund 300 Millionen Opfer der Tierversuche, die 5 Millionen Opfer der Jagd sowie die vielen Opfer der Pelzindustrie nicht mitgerechnet.) Unter dem Druck der ständigen Nachfrage nach immer billigerem Fleisch werden die Tiere heute nicht mehr als Lebewesen behandelt, sondern als Fleischmaschinen.

> **Das Leben eines gefangengehaltenen Schlachttieres ist von Anfang bis Ende *schöpfungswidrig* – angefangen mit der Aufzucht in Massenhaltung, der Kastration, den Hormonbehandlungen und der Verabreichung zahlreicher anderer Pharmastoffe bis hin zu den langen, schmerzvollen Transporten in extremer Angst und schließlich der Tötung im Schlachthof.**

Ein «Mastkalb» wird heute gleich nach der Geburt von seiner Mutter getrennt und in engste Einzelhaft-Boxen eingesperrt, ohne daß es jemals ins Freie gehen oder Muttermilch kosten darf. Die Kälber können sich in den Verschlägen oftmals nicht einmal um die eigene Achse drehen. Dort wird es mit verschiedensten Medikamenten und «Ruhigstellern» vollgepumpt und fristet ein isoliertes, unwürdiges Dasein. Bei dieser industriellen Quälerei in den Tierfabriken sind nicht einmal Betäubungen vorgeschrieben, wenn beispielsweise Schweine kastriert, ihnen große Teile der Ohren beschnitten und die Zähne und Schwänzchen abgekniffen werden – es ist den Betreibern weder die Zeit noch das Geld wert. Unzweifelhaft gibt es auch andere, weniger grausame Formen der Jungtierhaltung, doch diese sind leider die große Ausnahme.

Die Mastzeit eines Hühnchens oder Hähnchens beträgt heute maximal sechs Wochen, während der ihm das Sättigungsgefühl weggezüchtet wird, so daß es fast ununterbrochen frißt und sein Körpergewicht um das 30-fache vergrößert. Ein Kalb wird nach drei Monaten geschlachtet, und ein Schwein wird im Alter von einem halben Jahr in den Schlachthof verfrachtet.

Alle diese Tiere hätten eine naturgegebene Lebenserwartung von rund 20-25 Jahren.

Einen anderen, nicht minder grausamen Leidensweg haben die sogenannten «Gebrauchslegeküken», die in speziellen Betrieben eigens für die Eierproduktion gezüchtet werden: Da neben den weiblichen Tieren natürlich auch männliche schlüpfen, endet für diese Küken das Leben schon, bevor es richtig begonnen hat. Sie sind für die Eierindustrie unbrauchbar und werden an Ort und Stelle vergast oder bei lebendigem (!) Leib geschreddert – in Deutschland sind dies jährlich 20 Millionen männliche Küken.

Die Tiertransporte vom Mastbetrieb zum Schlachthof sind ebenfalls gekennzeichnet von einer ungeheuren Brutalität, wie Dokumentationen immer wieder enthüllen. Oft kommen die Tiere mit gebrochenen Hüften oder Beinen, mit abgerissenen, blutenden Hörnern, vor Schmerz, Durst, Hunger und Angst halb wahnsinnig im Schlachthof an, um dort aus den Lastwagen gezerrt und geprügelt zu werden. Viele überleben diesen qualvollen Transport nicht. So kommen in deutschen Schlachthöfen jährlich 300 000 bis 400 000 Schweine tot an

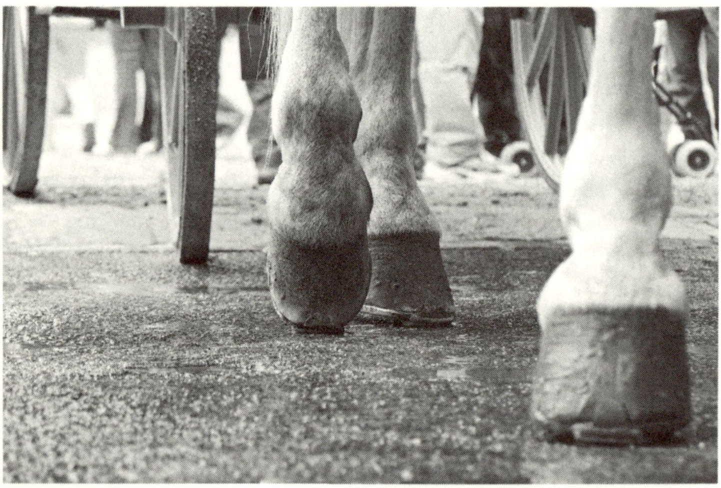

und werden in der Folge zu Tierkörpermehl verarbeitet, das ihren Artgenossen dann als Futter vorgesetzt wird.

Auch die Tierschlachtungen selbst sind alles andere als «human». In Wahrheit machen die Schlachthäuser Höllenvisionen Konkurrenz: Schreiende Kälber, Rinder und Schweine werden durch Hammerschläge, Elektroschocks oder Bolzenschußwaffen betäubt. Mit einem Haken werden sie an den Hinterbeinen in die Luft gezogen und auf vollautomatischen Fließbandanlagen durch Fabriken des Todes befördert. Bei bis zu 1500 Schweinen pro Stunde haben die sogenannten «Stecher» oft nur zwei Sekunden Zeit, dem Tier den Todesstich ins Herz oder in die Hauptschlagader zu versetzen. Kühen werden bei lebendigem Leibe die Kehle aufgeschnitten, und die Verarbeitung beginnt oft schon, während das Herz noch schlägt und das Ausbluten der Tiere unterstützt. Diese grausame Methode spart Zeit und erhöht somit die Gewinne.

Genauso fabrikhaft wird mit den «Gebrauchslegehühnern» verfahren. Nach fünfzehn Monaten in Massenhaltung zwecks «Produktion» von Eiern kommen auch sie ins Schlachthaus. Diejenigen Hühner, die den Transport überleben, werden dort lebend ans Fließband gehängt und dann entweder durch Stromschlag getötet oder dadurch, daß man sie maschinell köpft. In einem einzigen Großschlachthof werden auf diese Weise täglich bis zu 50 000 Hühner geschlachtet.

Laut einer vom Statistischen Bundesamt veröffentlichten Studie (2008) stammen insgesamt 98% des in Deutschland verkauften Fleisches aus solchen Mast- und Tötungsfabriken.

Wer sich ausführlicher mit diesen Themen beschäftigen möchte, den verweisen wir auf entsprechende Tierhaltungs- und Schlachthof-Videos im Internet sowie auf den Bestseller *Tiere essen* von Jonathan Safran Foer, der 2010 weltweit für Aufsehen gesorgt hat. Das Buch ist ein Plädoyer für ethisches Handeln beim Essen und bietet eine Vielzahl an Fakten, Undercover-Reportagen und Interviews mit Viehzüchtern, Schlachthofmitarbeitern und Fleischproduzenten. Foer schreibt: «Unsere Nahrung besteht aus Leiden. Wenn man uns anbietet, uns einen Film darüber zu zeigen, woher unser Fleisch kommt, wissen wir, dass es ein Horrorfilm sein wird. Wir wissen vielleicht mehr, als wir zugeben, und schieben das in den hintersten Winkel unseres Bewusstseins – wir wollen damit nichts zu tun haben. Wenn wir Fleisch aus Massentierhaltung essen, leben wir buchstäblich von gefoltertem Fleisch. Und dieses gefolterte Fleisch wird zunehmend unser eigenes.» (S. 166)

«Kühe interagieren […] mit einer komplexen sozialen Dynamik, einschließlich Freundschaften, die sich mit der Zeit bilden. Aber Kühe weisen nicht nur eine ausgeprägte Persönlichkeit auf, sie verfügen auch über ein Langzeitgedächtnis und eine Vielzahl an Emotionen.»

«Die Forschung hat gezeigt, daß Hühner in mancher Hinsicht geschickter als Hunde, Katzen und sogar als einige Primaten sind. Sie können sogar besser rechnen als diese, wie eine Studie von 2009 belegt.»

«Schweine sind klüger als Hunde und genauso freundlich, loyal und mitfühlend. In einer natürlichen Umgebung, also nicht in der Intensivhaltung, sind sie sozial, verspielt und beschützend, gehen Beziehungen miteinander ein, träumen und erkennen ihre Namen.»

(Quelle: *Vegetarisches Starter Kit* von PETA)

Genau wie für den Menschen ist auch für das Tier das Ermordetwerden eine Erfahrung von Schrecken und Panik, was im Körper schlagartig einen drastischen biochemischen Wandel auslöst, wodurch der ganze Körper mit Angsthormonen vergiftet wird. Der namhafte Tierschützer und Ökologe Franz Weber erklärte in einer Radiosendung: «Nehmen wir das Beispiel von Hamburg, wo Menschen Vergiftungen erlitten, als sie Thunfisch aus der Büchse aßen. Warum? Der Thunfisch wurde lebendig zersägt, und die gefangenen Fische hatten eine solch unglaubliche Angst, daß sie ein Gift ausschieden, das in das Fleisch einging. Das war schon den alten Römern bekannt.

Um ein bestimmtes Gift zu bekommen, haben sie Sklaven zu Tode gefoltert, und mit dem Speichel dieser Toten konnte man andere vergiften. Die Todesangst geht also ins Gewebe ein und wird vom Menschen mitgegessen.»

Aus genau diesem Grund ist auch «Bio-Fleisch» und «Weidefleisch» von angeblich glücklichen Schlachttieren, die zu Lebzeiten Auslauf im Sonnenlicht hatten, keine wirkliche Alternative, obwohl diese Art der Tierhaltung selbstverständlich viel artgerechter ist als die üblichen Tierfabriken. Aber auch ein «glückliches» Tier erfährt, wenn es geschlachtet wird, Todesangst. Ein Tier aus biologischer Haltung muß ebenfalls zur Schlachtbank geführt und getötet werden, damit man an sein Fleisch kommt. Die Produktion von Bio-Fleisch ist also widersprüchlich: Einerseits will man die Tiere als Lebewesen respektieren und gewährt ihnen deshalb angenehme Lebensbedingungen, aber andererseits schlachtet man sie schließlich dennoch und ißt sie auf.

Das einzig «natürliche» Fleisch wäre demnach das Fleisch eines natürlich gestorbenen Tieres. Oder, in Ergänzung eines bekannten Werbeslogans der Fleischindustrie: «Fleisch ist ein Stück Lebenskraft» – doch nur solange es lebt!

Warum Vegetarier keine Fische essen

Für Menschen, die sich weitgehend vegetarisch ernähren, aber ab und zu auch Fisch essen, wurde in den letzten Jahren der Begriff «Pescetarier» (von lat. *piscis,* «Fisch») oder «Pesco-Vegetarier» geprägt. Meistens werden für das gelegentliche Essen von Fisch gesundheitliche Gründe angeführt, da Fisch weithin als wertvolles, erstens gesundes und zweitens leichtes Nahrungsmittel sowie überdies als wichtiger Lieferant beispielsweise von lebensnotwendigen Omega-3-Fettsäuren gilt. Ebenso ist die Meinung verbreitet, Fische seien weniger intelligent und weniger fühlend als warmblütige Tiere.

Zum ersten Argument: Wie gesund ist Fisch tatsächlich? Die meisten Fische sind mittlerweile erheblich mit hochgiftigen Schwermetallen belastet. Untersuchungen der US-Umweltschutzbehörde EPA zeigten, daß Frauen, die zweimal pro Woche Fisch aßen, eine siebenfach höhere Quecksilberkonzentration im Blut hatten als Frauen, die sich rein vegetarisch ernährten. Solche hohen Werte sind problematisch, da Quecksilber das Gehirn schädigt und bei menschlichen Föten etliche Entwicklungsschäden verursachen kann. Die Frauen, die eine Dose Thunfisch pro Woche verzehrten, lagen bereits 30% über der von der EPA angegebenen Höchstgrenze eines unbedenklichen Quecksilberwertes.

Zum zweiten Argument: Fische bestehen hauptsächlich aus Fett und Protein, sind also keineswegs eine «leichte Mahlzeit», wie immer wieder behauptet wird. Ihr Fettgehalt kann bis zu 60% betragen, und sie weisen zudem höhere Mengen an belastendem Cholesterin auf.

Und was die vielzitierten Omega-3-Fettsäuren betrifft, so klärt die Europäische Vegetarier-Union im März 2006 auf: «Nachdem Ernährungswissenschaftler und Regierungsstellen jahrzehntelang die Verbraucher bedrängten, Fische zu essen oder eine der Bestseller-Pillen, die Omega-3-Fettsäuren enthalten, zu schlucken, sind nun ernsthafte Zweifel am wissenschaftlichen Wert dieser Empfehlungen aufgetreten. Britische Wissenschaftler, die in einer Studie den Einfluß der Omega-3-Fettsäuren auf Herzkrankheiten, Lebenserwartung, Krebs und Schlaganfall untersuchten, stellen die seit langem vermarkteten gesundheitlichen Vorteile in Frage. Eine gründliche Analyse ergab dabei, daß Omega-3 zu keiner Verringerung der Gesamtsterblichkeit, der Krebsrate oder der Herzkrankheiten führt.»

Zum Argument, Fische seien weniger intelligente und weniger fühlende Tiere, schreibt Jonathan Safran Foer in dem bereits erwähnten Bestseller *Tiere essen:* «Fische bauen komplexe Nester, gehen monogame Beziehungen ein, jagen zusammen

Der österreichisch-tschechische Schriftsteller *Franz Kafka* (1883–1924) bemerkte einst beim Anblick von Fischen in einem Aquarium: «Nun kann ich euch in Frieden betrachten; ich esse euch nicht mehr.»

mit anderen Arten und benutzen Hilfsmittel. Sie erkennen einander als Individuen (und merken sich, wem zu trauen ist und wem nicht). Sie treffen individuelle Entscheidungen, kennen Sozialprestige und kämpfen um eine bessere soziale Stellung […]. Sie haben ein bedeutendes Langzeitgedächtnis, sind versiert darin, Wissen innerhalb sozialer Netzwerke zu vermitteln, und können Informationen über Generationen hinweg weitergeben.» (Foer, S. 73)

Betreffend die Behauptung, Fische seien weniger schmerzempfindlich als warmblütige Tiere, berichtet PETA auf ihrer Internetseite: «Wissenschaftliche Studien haben nun auch die letzten Zweifel ausgeräumt und zeigen, daß Fische ebenso starke Schmerzen empfinden können wie Säugetiere. Dies bestätigen die neuesten Forschungsergebnisse. […] Obwohl Fische nicht schreien, wenn sie Schmerzen und Angst haben, sollte ihr Verhalten Beweis genug für ihr Leid sein, wenn sie mit dem Haken aufgespießt oder im Netz gefangen werden. Sie kämpfen, um zu fliehen, und zeigen damit, daß sie einen Überlebenswillen haben.»

Prof. Donald Broom, Tierschutzberater der Britischen Regierung, bestätigt ebenfalls: «Anatomisch, physiologisch und biologisch gesehen ist das Schmerzsystem bei Fischen praktisch dasselbe wie bei Vögeln und Säugetieren.» Dennoch ist es von der Gesetzgebung her erlaubt, Fische ohne jegliche Betäubung zu töten, was bei allen anderen «Nutztieren» längst verboten ist.

Darüber hinaus hat die moderne Massenfischerei nichts gemein mit dem Klischee von friedlichen Anglern an einsamen Seen bei Sonnenuntergang, sondern ist ein großangelegtes, brutales und knallhartes Tötungsgeschäft: «Forscher vom

Fisheries Centre der University of British Columbia behaupten, daß ‹unser Umgehen mit Fischereiressourcen (auch Fisch genannt) inzwischen einem Vernichtungskrieg gleicht›. [...] In der Fischerei wird buchstäblich und systematisch Kriegstechnologie eingesetzt: Radar, Echolote (früher zur Lokalisierung feindlicher U-Boote), für die Navy entwickelte elektronische Navigationssysteme und seit den 1990er-Jahren satellitengestützte GPS, die Fischern noch nie dagewesene Möglichkeiten bieten, Fisch-Hotspots ausfindig zu machen und abzufischen.» (Foer, S. 45, 47)

Bei diesem «Abfischen» fällt, was oft verschwiegen wird, eine Unmenge an «Abfall» an. So werden von einem durchschnittlicher Garnelenkutter 80–90% der gefangenen Meerestiere tot oder sterbend wieder über Bord geworfen, wobei dieser «Beifang» zu einem großen Teil aus gefährdeten Arten besteht.

Weil der Fischbestand aufgrund der Massenfischerei in vielen Meeresregionen bereits auf 10% der ursprünglichen Zahlen reduziert worden ist (die verheerenden Folgen von Ölkatastrophen noch nicht mitgerechnet), hat die Fleischindustrie bereits eine Multi-Milliarden-Dollar-Alternative aufgebaut: kommerzielle Fischfarmen, sogenannte «Aquakulturen».

Was sich hinter dem schön klingenden Begriff «Aquakultur» verbirgt, unterscheidet sich allerdings in nichts von der bekannten Massentierhaltung und den damit einhergehenden Mißständen: riesige Tanks in Stahlgebäuden oder Käfige im Meer; Fische, die sich darin kaum bewegen können und sich verletzen; ständig drohende Krankheiten, was den Einsatz von Antibiotika und anderen Chemikalien erforderlich macht, und schließlich der qualvolle Tod, wenn die Fische bei lebendigem Leib aufgeschlitzt werden oder ersticken, weil ihnen das Wasser entzogen wird.

Manche Fischarten, wie beispielsweise der Einzelgänger Lachs, sind es nicht gewohnt, in engem Raum mit anderen

Artgenossen zu leben. Deshalb ist in Lachs-Aquakulturen ein besonders hoher Einsatz von Medikamenten erforderlich. Damit das Fleisch trotz des immensen Stresses, den der Lachs erleidet, immer noch rosa aussieht, werden überdies vielerorts Farbstoffe ins Futter gemischt. Und: Da sich viele Fischfarmen aus Kostengründen in Käfigen im Meer befinden, werden die eingesetzten Medikamente und Antibiotika auch noch direkt in die Umwelt geleitet, da dort verständlicherweise Kläranlagen unmöglich sind.

«Appetit vergangen! – Schluß mit der Fleischeslust?»

Dies war der Titel einer vielbeachteten Diskussion in der Talkshow von *Maybrit Illner* im ZDF, die am 20. Januar 2011 live aus Berlin ausgestrahlt wurde. Anlaß war der aktuelle Dioxin-Skandal. Ein Millionenpublikum wurde mit folgenden Fakten konfrontiert: «Alltagsekel im Kühlregal [...] mit immer neuen Widerlichkeiten: 1997 der BSE-Skandal [...]; 2006 der Gammelfleisch-Skandal (‹Mief-Beef›) [...]: 20000 Menschen erkrankten allein in Deutschland wegen des Verzehrs von abgelaufenem und gammeligem Fleisch; 2008 der Gammelkäse-Skandal: Italiens Mozarella-Mafia nimmt es bei der Käseproduktion mit den Zutaten nicht ganz so genau, neben guter Milch werden auch Mäusekot und abgelaufene Käsereste mit verarbeitet [...] 2011 der Dioxin-Skandal: Belastete Eier und Fleischwaren gelangten in den Handel. Gifteier, Schimmelkäse, Gammelwurst, BSE-Schinken ...»

Und die Moderatorin stellte gleich zu Beginn die entscheidenden Fragen: «Sollten wir am besten ganz auf Fleisch verzichten? An guten Absichten fehlt es uns nicht, aber der Weg zur gesunden Ernährung endet halt doch viel zu oft an der Würstchenbude. [...] Oder sollten wir doch unser Leben ändern?»

Die Meinungen in der Diskussionsrunde gingen natürlich auseinander. Es wurde sogar gefragt: Brauchen wir eine Zusatzsteuer auf Fleisch wie auf Tabakwaren? Brauchen wir weitere Einschränkungen für die Fleischproduktion?

Wir sind der Ansicht, daß das einzig wirklich Notwendige in dieser Thematik eine sachliche Information ist. Wenn die Menschen über all die problematischen Punkte offen informiert würden, die hier in den ersten drei Kapiteln zusammengefaßt sind, würde ein grundlegendes Umdenken beginnen, das weit über die ichbezogenen Fragen («Ist Fleisch gesund oder nicht?», «Wie können wir Fleisch mit möglichst geringen Umweltschädigungen ‹produzieren›?») hinausgeht. Es kämen auch die Fragen der Ethik, der menschlichen Verantwortung und der Kausalgesetze hinzu – und diese führen uns zu den zeitlosen, immer aktuellen Aspekten des Themas «Vegetarisch leben».

Kapitel 4
ETHISCHE GRÜNDE

«Auch wenn wir gar nicht hoffen könnten, daß jemals alle Menschen zur vegetarischen Lebensweise übergehen werden, hätte niemand deswegen das Recht, Fleisch zu essen. Ein Unrecht bleibt auch dann ein Unrecht, wenn alle es verüben. [...] Ich sage ja nicht, daß jeder Mensch, der vegetarisch lebt, gerecht sei, sondern, daß jeder, der nicht vegetarisch lebt, dadurch ungerecht handelt.»

(Magnus Schwantje, 1877–1959, einer der ersten großen Vorkämpfer für Vegetarismus und Tierschutz; prägte im Jahre 1902 den Begriff «Ehrfurcht vor dem Leben»)

Bisher haben wir die gesundheitlichen, ökologischen und wirtschaftlichen Nachteile des Fleischkonsums betrachtet. Unsere nächste Fragestellung geht tiefer: Haben wir – abgesehen von den schädlichen Folgen – überhaupt das *Recht*, Tiere zu töten?

Diese Frage bringt uns in den Bereich der *Ethik*. Ethik ist die Lehre von Moral und Verantwortung. Sie befaßt sich nicht nur mit den materiellen Aspekten unserer Welt, sondern bemüht sich darüber hinaus um eine Erkenntnis der höheren Gesetze des Lebens. In der heutigen Zeit des materiellen, technischen Fortschritts wird die Ethik jedoch vielfach vernachlässigt oder einfach entsprechend der jeweiligen Zielsetzung zurechtgedreht.

Ohne Ethik, ohne das Fragen nach dem Sinn und Wert einer Handlung, wird jedoch jede Wissenschaft letztlich sinn- und wertlos. Ethik müßte daher Grundlage eines jeden wissenschaftlichen Strebens sein.

Tiere sind fühlende Wesen

Das griechische Wort *ethos,* von dem der Begriff «Ethik» abgeleitet ist, bedeutet «innere Gesinnung, Sitte und Lebensführung», die sich aus der Verantwortung des Menschen gegenüber der Schöpfung ergibt. Es ist also nicht verwunderlich, daß sich die Vertreter einer konsequenten Ethik schon immer auch mit der Problematik des Fleischessens beschäftigt haben.

Das Wort «Vegetarier», das im Jahre 1847 von den Gründern der Britischen Vegetarischen Gesellschaft geprägt wurde, hat seine Wurzel im lateinischen Wort *vegetus:* «lebhaft, rege, rüstig, frisch, belebt». (Mit dem Ausdruck *homo vegetus* bezeichneten die alten Römer einen «geistig und körperlich gesunden, vitalen Menschen».) Die ursprüngliche Bedeutung des Wortes weist also auf eine ganzheitliche, harmonische Lebenseinstellung hin, die weitaus mehr beinhaltet als nur die Ernährung durch Getreide, Gemüse und Früchte.

Bei Umfragen unter Vegetariern zeigt sich dementsprechend, daß ein Großteil der Befragten nicht nur aus gesundheitlichen oder ernährungswissenschaftlichen, sondern auch aus ethisch-philosophischen Gründen kein Fleisch ißt.

> **Die meisten Vegetarier sind Menschen, die verstanden haben, daß wir als Beitrag zu einer gerechteren und friedlicheren Gesellschaft zunächst das Problem der Gewalt in unserem eigenen Handeln lösen müssen. Sie sind sich bewußt geworden, daß der Fleischkonsum eine massive Gewaltanwendung gegen andere Lebewesen mit sich bringt, was nicht nur überflüssig, sondern auch ethisch unverantwortbar ist.**

Es scheint allerdings, daß viele Menschen, die Fleisch essen, die ethischen Aspekte ihrer Ernährungsgewohnheiten nicht wahrhaben wollen. Manch einer würde zweifellos sogleich Ve-

Alexandra Tolstoi, die Tochter des berühmten russischen Schriftstellers und Vegetariers *Leo Tolstoi* (1828–1910), erzählt in ihrem Buch *Tolstoi – Das Leben meines Vaters* folgende Anekdote:

«Meine Tante liebte das Essen, und wenn man ihr nur Vegetarisches anbot, entlud sich ihre Entrüstung mit der Äußerung, daß sie nicht jeden alten Dreck essen würde. Daraufhin verlangte sie nach Fleisch, vorzugsweise Geflügel. Als sie uns das nächste Mal zum Abendessen beehrte, war sie erstaunt, ein lebendes Huhn festgebunden auf ihrem Platz vorzufinden.

Auf ihrem Teller lag ein großes Messer.

‹Was soll das?› fragte sie.

‹Du wolltest Huhn›, sagte Tolstoi, der kaum in der Lage war, seine Erheiterung zu verbergen. ‹Keiner von uns will es töten. Also haben wir alles vorbereitet, damit du es selbst tun kannst.›»

getarier werden, wenn er sich beim Einkaufen, Kochen und Essen wirklich des Elends und der Angst der Schlachttiere bewußt wäre oder wenn er die Tiere, die er ißt, selbst töten müßte. Nur die wenigsten Menschen würden eine Besichtigung im Schlachthof verkraften, ohne danach von Albträumen geplagt zu werden. Beim Gedanken daran, daß das, was sie gerade genüßlich kauen, vor einiger Zeit noch ein lebendiges Wesen aus Fleisch und Blut war, würden die meisten Konsumenten wohl schlagartig eine natürliche Abscheu vor dem Schlachtprodukt Fleisch entwickeln. Fleisch wird deshalb von der Industrie oft in einer Form präsentiert, die den Bezug zum lebendigen Tier verschwinden läßt.

Hierzu war in der deutschen Wochenzeitung *Die Zeit* vom 8. April 2010 unter dem Titel «Respekt!» zu lesen: «Tiere zu schützen ist kein gnädiger Akt, sondern ein Gebot der Natur. Bewußt machen wir uns das nur selten, wenn wir nämlich ausnahmsweise hinsehen.»

Wirkliche Tierliebe sollte also nicht selektiv sein. Wie kann man einerseits einen Hund oder eine Katze als Haustier halten und diese Tiere lieben – oftmals gehören sie praktisch mit zur Familie – und andererseits bedenkenlos das Fleisch von Kälbern, Schweinen, Lämmern und Hühnern essen? Keine

Familie würde ihr eigenes Haustier schlachten und verzehren. Gerade für Kinder wäre ein solcher Totschlag eine traumatische Erfahrung. Warum dann eine Grenze ziehen zu anderen Tieren, bloß weil sie nicht «Haustiere» sind, sondern als «Schlachttiere» etikettiert und gegen Bezahlung von anderen Menschen getötet werden? Ist ein solcher Umgang mit Tieren nicht inkonsequent und unethisch?

«Mir schmeckt's trotzdem»

Aus den bisherigen Betrachtungen geht hervor, daß das Essen von Fleisch für den Menschen in keiner Weise notwendig oder gesundheitsfördernd ist und dazu noch viele ökonomische und ökologische Nachteile mit sich bringt. Dennoch lautet ein häufiges Argument: «Wie dem auch sei – mir schmeckt's trotzdem.» Woher jedoch nehmen wir uns das Recht, andere Lebewesen auszubeuten und sie zu töten, nur um ihr Fleisch zu verzehren – mit der Begründung, daß es uns «schmeckt» und daß wir Lust dazu haben?

Aus ethischer Sicht müßten sich also alle, die Fleisch essen, die Frage stellen: Ist das vermeintliche Leid, das ich mir durch den «Verzicht» auf Fleisch bereite, größer als das Leid der Tiere, die getötet werden müssen, damit ich ihr Fleisch kaufen und essen kann? Diese Frage griff auch die *Schweizer Illustrierte* in ihrer Ausgabe vom 8. Juni 1987 auf, indem sie den deutschen Erfolgsautor und Gesellschaftskritiker Volker Elis Pilgrim zitierte: «‹Das zurechtgemachte Kotelett liegt im Regal wie eine Schachtel, ein Teller oder ein Hosenknopf. Ist es aber nicht. Gestern noch gehörte es zu einem atmenden, fühlenden, pulsierenden Ganzen. Will ich es töten, um so an mein Kotelett zu kommen? Nein, ich will nicht.› Nun – würden wir alle ernsthaft vor diese Frage gestellt, gäbe es vermutlich nur noch Vegetarier. Und wir stünden damit in guter Gesellschaft mit Dichtern und Denkern aller Zeiten, die das Töten von Tieren seit jeher für des menschlichen Geistes unwürdig hielten.»

Und solche Persönlichkeiten gibt es viele. Zu den bekanntesten ethischen Vegetariern gehören (in chronologischer Reihenfolge): **Buddha** • **Zarathustra** • **Hesiod** • **Pythagoras** • **Empedokles** • **Euripides** • **Diogenes** • **Sokrates** • **Platon** • **Epikur** • **Horaz** • **Ovid** • **Johannes der Täufer** • Apostel **Matthäus** • Apostel **Johannes** • **Seneca** • **Apollonius von Tyana** • **Plutarch** • **Origenes** • **Benedikt** • **Franz von Assisi** • Leonardo **da Vinci** • Michel **de Montaigne** • Tommaso

Campanella • John **Milton** • Isaac **Newton** • Emanuel **Swedenborg** • Alexander **Pope** • **Voltaire** • Benjamin **Franklin** • Jean-Jacques **Rousseau** • Denis **Diderot** • Johann Gottfried von **Herder** • **Jean Paul** • Alexander von **Humboldt** • Henry **Salt** • Ralph Waldo **Emerson** • George **Sand** • Richard **Wagner** • Charlotte **Brontë** • Henry David **Thoreau** • Fjodor M. **Dostojewskij** • Leo **Tolstoi** • Henry **Dunant** • Emily **Dickinson** • Wilhelm **Busch** • Mark **Twain** • Thomas Alva **Edison** • Vincent **van Gogh** • Nikola **Tesla** • George Bernard **Shaw** • Gustav **Mahler** • Rudolf **Steiner** • Rabindranath **Thakur** • Maurice **Maeterlinck** • Romain **Rolland** • H.G. **Wells** • Mahatma **Gandhi** • Christian **Morgenstern** • Albert **Schweitzer** • Rainer Maria **Rilke** • Albert **Einstein** • Manfred **Kyber** • Franz **Kafka** • Wilhelm **Furtwängler** • Jiddu **Krishnamurti** • Elias **Canetti** • Astrid **Lindgren** und viele andere – von den zahlreichen prominenten Vegetariern der Gegenwart ganz zu schweigen (siehe hierzu die nachfolgenden Zitate sowie die Namenslisten am Ende dieses Kapitels).

Vegetarismus-Zitate aus 2500 Jahren

Durch die ganze Menschheitsgeschichte finden sich Kulturen und Persönlichkeiten, die den Tieren den Respekt zukommen ließen, der ihnen als unseren Mitgeschöpfen gebührt. Während wir von vielen Urkulturen nur noch wenige oder gar keine schriftlichen Überlieferungen haben, berichten uns die alten Veda-Schriften von blühenden Hochkulturen in Indien. So werden im *Rig Veda* (6.28.1-8), der ältesten dieser Schriften, der Wert der Kühe im ökologischen Gefüge und die Wichtigkeit ihres Schutzes betont. Auch in späteren Werken wie dem *Mahabharata* und den Puranas findet man zahlreiche Stellen, wo Gewalt gegenüber Tieren abgelehnt wird.

In der ältesten europäischen Hochkultur, im antiken Griechenland, war der Vegetarismus ebenfalls ein hochgehaltenes

Ideal. Das Zitat aus Platons Buch *Der Staat* (siehe S. 39) hat dies bereits illustriert.

Pythagoras (um 582–496 v. Chr.), der zu den größten abendländischen Universalgenies gehört, gilt als Urvater des Vegetarismus in Europa. In seinen Schulgemeinschaften, in denen auch Frauen gleichberechtigt zugelassen waren, galt es als Selbstverständlichkeit, daß man kein Fleisch aß. Aus diesem Grund wurden Vegetarier bis zur Mitte des 19. Jahrhunderts (als es den Begriff «Vegetarier» noch nicht gab) in Fachkreisen als «Pythagoräer» bezeichnet.

Von Pythagoras ist folgende Aussage überliefert: «Wer mit dem Messer die Kehle eines Rindes durchtrennt und beim Brüllen der Angst taub bleibt, wer kaltblütig das schreiende Böcklein abzuschlachten vermag und den Vogel verspeist, dem er selber das Futter gereicht hat – wie weit ist ein solcher noch vom Verbrechen entfernt?»

Und *Aristoteles* (384–322 v. Chr.) führte den Gedanken weiter: «Wie der Mensch in seiner Vollendung das edelste aller Geschöpfe ist, so ist er, losgerissen von Gesetz und Recht, das schlimmste von allen.»

Genau wie bei den Griechen gab es auch bei den Römern große Philosophen, die Vegetarier waren, wie etwa Horaz, Ovid, Seneca und Plutarch. In seiner bemerkenswerten Abhandlung «Über das Fleischessen» schreibt *Plutarch* (45–125 n. Chr.): «Könnt ihr wirklich die Frage stellen, aus welchem Grunde sich Pythagoras des Fleischessens enthielt? Ich für meinen Teil frage mich, unter welchen Umständen und in welchem Geisteszustand es ein Mensch das erstemal über sich brachte, mit seinem Mund Blut zu berühren, seine Lippen zum Fleisch eines Kadavers zu führen und seinen Tisch mit toten, verwesenden Körpern zu zieren, und es sich dann erlaubt hat, die Teile, die kurz zuvor noch gebrüllt und geschrien, sich bewegt und gelebt haben, Nahrung zu nennen. [...] Um des Fleisches willen rauben wir ihnen die Sonne, das Licht und die Lebensdauer, die ihnen von Geburt an zustehen.»

Dann fordert Plutarch die Fleischesser offen heraus: «Wenn ihr nun behaupten wollt, daß die Natur solche Nahrung für euch vorgesehen hätte, dann tötet selbst, was ihr zu essen gedenkt – jedoch mit euren naturgegebenen Mitteln, nicht mit Hilfe eines Schlachtmessers, einer Keule oder eines Beils.»

Es hat also schon immer Menschen gegeben, die auf die Problematik des Fleischessens hingewiesen haben, viele von ihnen auch auf die Notwendigkeit einer fleischlosen Ernährung. Die folgenden Zitate (in chronologischer Reihenfolge) sprechen für sich:

Laotse (um 604–517 v.Chr, chinesischer Philosoph): «Seid gut zu den Menschen, zu den Pflanzen und zu den Tieren! Hetzt weder Menschen noch Tiere, noch fügt ihnen Leid zu.»

Buddha (um 560–480 v.Chr., indischer Philosoph und Erleuchteter): «Die Wesen mögen alle glücklich leben, und keines möge ein Unheil treffen! Möge unser ganzes Leben Hilfe sein an anderen. Ein jedes Wesen scheuet Qual, und jedem ist sein Leben lieb. Erkenne dich selbst in jedem Sein, und quäle nicht und töte nicht.»

«Kein Fleisch mehr zu essen bedeutet, in jenen Strom einzutauchen, der ins Nirvana führt.»

Pythagoras (um 582–496 v.Chr., griechischer Philosoph und Mathematiker): «Welch ein vermessenes Tun, im Fleische das Fleisch zu versenken, den begehrlichen Leib mit verschlungenem Leibe zu mästen und mit des Lebenden Tod ein Lebender sich zu erhalten!»

Empedokles (um 483–423 v.Chr., griechischer Naturphilosoph und Prophet): «Werdet ihr nicht der fluchbeladenen Schlachtung ein Ende bereiten? Seht ihr nicht, daß ihr euch in blinder Unwissenheit der Seele selbst zerstört?»

Horaz (65–8 v.Chr., klassischer Dichter Roms): «Wage es, weise zu sein! Höre auf, Tiere zu töten! Wer die Stunde des rechten Lebens hinausschiebt, gleicht nur dem Bauern, der darauf wartet, daß der Fluß versiegt, ehe er ihn überquert.»

Ovid (43 v.Chr.–17 n.Chr., klassischer Dichter Roms): «Das Zeitalter, das wir das Goldene benannt haben, war gesegnet mit den Früchten der Bäume und mit den Kräutern, welche die Erde hervorbringt, und der Mund der Menschen wurde nicht mit Blut befleckt. Damals bewegten die Vögel ihre Schwingen sicher in den Lüften, und der Hase durchstreifte das freie Feld ohne Furcht; damals wurde der Fisch nicht das arglose Opfer des Menschen. Jeder Ort war ohne Verrat, keine Ungerechtigkeit herrschte, und alles war von Frieden erfüllt. In späteren Zeitaltern schmähte und verachtete ein Unheilstifter diese reine, einfache Nahrung und versenkte in seinen gefräßigen Wanst Speisen, die von Leichnamen herrührten. Damit öffnete er zugleich der Schlechtigkeit den Weg.»

Franz von Assisi (1182–1226, italienischer Heiliger; Begründer des Franziskanerordens): «Gott wünscht, daß wir den Tieren beistehen, wenn sie der Hilfe bedürfen. Ein jedes Wesen in Bedrängnis hat gleiches Recht auf Schutz.»

«Alle Geschöpfe der Erde fühlen wie wir, alle Geschöpfe streben nach Glück wie wir. Alle Geschöpfe der Erde lieben, leiden und sterben wie wir, also sind sie uns gleichgestellte Werke des allmächtigen Schöpfers: unsere Brüder.»

Leonardo da Vinci (1452–1519, italienisches Universalgenie): «Wahrlich ist der Mensch der König aller Tiere, denn seine Grausamkeit übertrifft die ihrige. Wir leben vom Tode anderer. Wir sind wandelnde Grabstätten!»

«Ich habe schon in jüngsten Jahren dem Essen von Fleisch abgeschworen, und die Zeit wird kommen, da die Menschen wie ich die Tiermörder mit gleichen Augen betrachten werden wie jetzt die Menschenmörder.»

Voltaire (1694–1778, französischer Philosoph und Schriftsteller): «Gewiß ist es, daß dieses scheußliche Blutbad, welches unaufhörlich in unseren Schlachthäusern und Küchen stattfindet, uns nicht mehr als ein Übel erscheint; im Gegenteil betrachten wir diese Scheußlichkeiten [...] als einen Segen des Herrn und danken ihm in unseren Gebeten für unsere Mördereien. Kann es denn aber etwas Abscheulicheres geben, als sich beständig von Leichenfleisch zu ernähren?»

Benjamin Franklin (1706–1790, amerikanischer Erfinder und Staatsmann): «Fleischessen ist unprovozierter Mord.»

Albrecht von Haller (1708–1777, Schweizer Universalgelehrter, Arzt und Schriftsteller): «Die fleischlose Kost ernährt einen Menschen vollständig, verlängert sein Leben und heilt solche Krankheiten oder beugt ihnen vor, welche wir der Schärfe oder Unreinheit des Blutes zuschreiben.»

Jean-Jacques Rousseau (1712–1778, französisch-schweizerischer Philosoph, Pädagoge und Schriftsteller; prägte die Forderung «Zurück zur Natur!»): «Ein Beweis, daß der Geschmack für Fleischkost dem Menschen nicht natürlich ist, liegt auch darin, daß die Kinder eine Abneigung gegen solche Speisen haben und den pflanzlichen Nahrungsmitteln den Vorzug geben, wie Milchspeisen, Gebäck, Obst und dergleichen. Es ist höchst wichtig, diesen ursprünglichen und natürlichen Geschmack nicht zu verderben und die Kinder nicht zu Fleischessern zu machen. Denn wie man auch die Tatsachen erklären möge, so ist es doch gewiß, daß die starken Fleischesser im allgemeinen grausamer und wilder sind als andere Menschen.»

Denis Diderot (1713–1784, französischer Philosoph und Enzyklopädist): «Gibt es nicht Nahrungsmittel, ohne daß man Blut gebraucht? Heißt es nicht die Menschen zur Grausamkeit ermutigen, wenn man ihnen gestattet, den Tieren das Messer ins Herz zu stoßen?»

Immanuel Kant (1724–1804, deutscher Philosoph): «Die Grausamkeit gegen die Tiere ist der Pflicht des Menschen gegen sich selbst entgegengesetzt.»

Jeremy Bentham (1748–1832, britischer Philosoph und Jurist): «Die Frage hat für die Menschen nicht zu lauten: Können die Tiere denken? Sondern sie hat zu lauten: Können die Tiere leiden? Darüber aber gibt es wohl keinen Streit, und das Wissen um diese Leidensfähigkeit muß daher die Hauptsache sein bei jeder Betrachtung der Tierseele durch den Menschen.»

«Der Tag mag kommen, an dem der Rest der belebten Schöpfung jene Rechte erwerben wird, die ihm nur von der Hand der Tyrannei vorenthalten werden konnten. Die Franzosen haben bereits entdeckt, daß eine dunkle Haut kein Grund ist, ein menschliches Wesen hilflos der Laune eines Peinigers auszuliefern. Vielleicht wird eines Tages erkannt werden, daß die Anzahl der Beine, die Behaarung der Haut oder die Endung des Kreuzbeins ebensowenig Gründe dafür sind, ein empfindendes Wesen diesem Schicksal zu überlassen. Was sonst sollte die unüberschreitbare Linie ausmachen? Ist es die Fähigkeit des Verstandes oder vielleicht die Fähigkeit der Rede? Ein voll ausgewachsenes Pferd aber oder ein Hund ist ungleich verständiger und mitteilsamer als ein einen Tag oder eine Woche alter Säugling oder sogar als ein Säugling von einem Monat. Doch selbst wenn es anders wäre, was würde das ausmachen? Die Frage ist nicht: Können sie denken? Können sie sprechen? Sondern: Können sie leiden?»

Johann Wolfgang von Goethe (1749–1832, deutscher Dichter und Naturforscher): «Die religiöse Ehrfurcht vor dem, was unter uns ist, umfaßt natürlich auch die Tierwelt und legt den Menschen die Pflicht auf, die unter ihm entstehenden Geschöpfe zu ehren und zu schonen.»

«Wer Tiere quält, ist unbeseelt, / und Gottes guter Geist ihm fehlt. / Mag noch so vornehm drein er schaun, / man sollte niemals ihm vertraun.»

Jean Paul (1763–1825, deutscher Dichter): «Gerechter Gott! Aus wie vielen Marterstunden der Tiere lötet der Mensch eine einzige Festminute für seine Zunge zusammen!»

Alexander von Humboldt (1769–1859, deutscher Gelehrter; Begründer der wissenschaftlichen Erdkunde): «Grausamkeit gegen Tiere kann weder bei wahrer Bildung noch wahrer Gelehrsamkeit bestehen. Sie ist eines der kennzeichnendsten Laster eines niederen und unedlen Volkes. Dem Tier gegenüber sind heute alle Völker mehr oder weniger Barbaren. Es ist unwahr und grotesk, wenn sie ihre vermeintliche hohe Kultur bei jeder Gelegenheit betonen und dabei tagtäglich die scheußlichsten Grausamkeiten an Millionen von wehrlosen Geschöpfen begehen oder doch gleichgültig zulassen. Können wir uns wundern, daß diese sogenannten Kulturvölker immer mehr einem furchtbaren Weg des Abstieges entgegengehen?»

«Wo ein Jäger lebt, können zehn Hirten leben, hundert Ackerbauern und tausend Gärtner. [...] Dieselbe Strecke Landes, welche als Wiese, das heißt als Viehfutter, zehn Menschen durch das Fleisch der darauf gemästeten Tiere aus zweiter Hand ernährt, vermag – mit Hirse, Erbsen, Linsen und Gerste bebaut – hundert Menschen zu erhalten und zu ernähren.»

Joseph von Görres (1776–1848, deutscher Publizist und Gelehrter): «Wer über das gewöhnliche Leben hinaus will, der scheut blutige Nahrung und wählt nicht den Tod zu seinem Speisemeister.»

Arthur Schopenhauer (1788–1860, deutscher Philosoph): «Die vermeintliche Rechtlosigkeit der Tiere, der Wahn, daß unser Handeln gegen sie ohne moralische Bedeutung sei, ist eine geradezu empörende Roheit und Barbarei des Abendlandes. Erst wenn jene einfache und über alle Zweifel erhabene Wahrheit, daß die Tiere in der Hauptsache und im wesentlichen ganz dasselbe sind wie wir, ins Volk gedrungen sein wird, werden die Tiere nicht mehr als rechtlose Wesen dastehen. Es ist an der Zeit, daß das ewige Wesen, welches in uns und auch in allen Tieren lebt, als solches erkannt, geschont und geachtet wird.»

«Die Welt ist kein Machwerk, und die Tiere sind kein Fabrikat zu unserem Gebrauch. Nicht Erbarmen, sondern Gerechtigkeit ist man den Tieren schuldig.»

«Mitgefühl mit Tieren und ein guter Charakter sind derart eng miteinander verknüpft, daß man mit Gewißheit feststellen kann, daß niemand, der grausam gegen Tiere ist, ein guter Mensch sein kann.»

«Man möchte wahrlich sagen: Die Menschen sind die Teufel der Erde und die Tiere ihre geplagten Seelen.»

Ralph Waldo Emerson (1803–1882, amerikanischer Schriftsteller und Philosoph): «Sie haben soeben zu Mittag gegessen; und wie sorgfältig auch immer das Schlachthaus in einer taktvollen Entfernung von einigen oder vielen Kilometern verborgen sein mag: Sie sind mitschuldig.»

George Sand (1804–1876, französische Schriftstellerin): «Es wird ein großer Fortschritt in der Entwicklung der menschlichen Rasse sein, wenn wir Früchteesser werden und die Fleischesser von der Erde verschwinden. Alles wird möglich auf unserem Planeten von dem Augenblick an, wo wir die blutigen Fleischmahle und den Krieg überwinden.»

Abraham Lincoln (1809–1865, 16. Präsident der USA): «Ich bin für die Rechte der Tiere genauso wie für die Menschenrechte. Denn das erst macht den ganzen Menschen aus.»

Richard Wagner (1813–1883, deutscher Komponist): «Ich weiß nicht, wie der Liebe Gott einmal mein Lebenswerk bewerten wird. In den letzten Wochen habe ich über fünfzig Partiturseiten vom ‹Parsifal› geschrieben und drei jungen Hunden das Leben gerettet. Warten wir ab, was gewichtiger auf die Waagschale drücken wird.»

«War uns der Anblick des den Göttern geopferten Stieres ein Greuel geworden, so wird nun in sauberen, von Wasser durchspülten Schlachthäusern ein tägliches Blutbad der Beachtung aller derer entzogen, die beim Mittagsmahl sich die bis zur Unkenntlichkeit hergerichteten Leichenteile ermordeter Haustiere wohlschmecken lassen sollen. Es sollte uns fortan nur daran gelegen sein, der Religion des Mitleidens, den Bekennern des Nützlichkeitsdogmas zum Trotz, einen kräftigen Boden zu neuer Pflege bei uns gewinnen zu lassen. [...] Was erwarten wir denn von einer Religion, wenn wir das Mitleid mit den Tieren ausschließen?»

Sir Isaac Pitman (1813–1897, Erfinder der englischen Stenographie): «Ein Grund für den Vegetarismus sollte mehr, als gewöhnlich geschieht, herangezogen werden. Ich meine den Appell an das sittliche Bewußtsein, daß wir nicht durch Stellvertreter tun lassen dürfen, was wir nicht selbst tun würden. Ich habe kein sittliches Bedenken dagegen, meine Stiefel zu reinigen, meinen Tisch abzustauben oder auch mein Büro auszufegen. Mein Gefühl würde nicht verletzt werden durch Verrichtung dieser und hundert anderer Handarbeiten. Aber ich könnte keinen Ochsen niederschlagen, kein Schaf, besonders kein Lamm schlachten, keinem Geflügel den Hals umdrehen. Wenn ich das nicht tun kann, ohne meine besten Gefühle zu verletzen, so lehne ich es ab, eine andere Person es für mich tun zu lassen mit Verletzung ihrer Gefühle. Wenn kein anderer Grund zugunsten unserer Vereinigung spräche, so würde dieser eine genügen, um mich zur Annahme der fleischlosen Kost zu bestimmen.» (in einem Brief an die Vegetarian Society Manchester, 1875)

Henry David Thoreau (1817–1862, amerikanischer Schriftsteller und Philosoph): «Ich hege keinen Zweifel darüber, daß es ein Schicksal des Menschengeschlechts ist, im Verlaufe seiner allmählichen Entwicklung das Essen von Tieren hinter sich zu lassen.»

Fjodor M. Dostojewskij (1821–1881, russischer Schriftsteller): «Mensch, erhebe dich nicht über die Tiere! Sie sind sündlos. Du aber mit deiner Erhabenheit befleckst die Erde und ziehst Spuren deiner Verderbtheit hinter dir her.»

«Liebe die Tiere, liebe jegliches Gewächs und jegliche Dinge! Wenn du alles liebst, so wird sich dir das Geheimnis Gottes in allen Dingen offenbaren, und du wirst schließlich alle Welt mit Liebe umfassen!»

Leo Tolstoi (1828–1910, russischer Schriftsteller und Sozialkritiker): «Wenn der Mensch ernstlich und aufrichtig den moralischen Weg sucht, so ist das erste, wovon er sich abwenden muß, die Fleischnahrung. Denn abgesehen von der Aufregung der Leidenschaften, die durch diese Nahrung verursacht wird, ist dieselbe ganz einfach unsittlich, weil sie eine dem sittlichen Gefühl widersprechende Tat, das Morden, erfordert.»

«Fleischessen ist ein Überbleibsel der größten Roheit; der Übergang zum Vegetarismus ist die erste und natürlichste Folge der Aufklärung.»

«Vegetarismus gilt als Kriterium, an welchem wir erkennen können, ob das Streben des Menschen nach moralischer Vollkommenheit echt und ernst gemeint ist.»

«Der Mensch kann leben und gesund sein, ohne daß er zu seiner Ernährung Tiere tötet. Wenn er also Fleisch ißt, ist er mitschuldig am Morde von Tieren, nur um seinem Geschmack zu schmeicheln. So zu handeln ist unmoralisch. Das ist so einfach und unzweifelhaft, daß es unmöglich ist, nicht beizustimmen. Aber weil die Mehrzahl noch am Fleischgenuß hängt, halten ihn die Menschen für gerechtfertigt und sagen lachend: ‹Ein Stück Beefsteak ist aber doch eine schöne Sache, und ich werde es heute mit Vergnügen zu Mittag essen.›»

«Vom Tiermord zum Menschenmord ist nur ein Schritt und damit auch von der Tierquälerei zur Menschenquälerei.»

Wilhelm Busch (1832–1908, deutscher Zeichner und Dichter): «Wahre menschliche Kultur gibt es erst, wenn nicht nur die Menschenfresserei, sondern jede Art des Fleischgenusses als Kannibalismus gilt.»

«Das Messer blitzt, die Schweine schrein, / man muß sie halt benutzen, / denn jeder denkt ‹Wozu das Schwein, / wenn wir es nicht verputzen?› / Und jeder schmunzelt, jeder nagt / nach Art der Kannibalen, / bis man dereinst ‹Pfui Teufel!› sagt / zum Schinken aus Westfalen.»

Émile Zola (1840–1902, französischer Schriftsteller): «Die Sache der Tiere steht höher für mich als die Sorge, mich lächerlich zu machen. Sie ist unlöslich verknüpft mit der Sache des Menschen, und zwar in einem Maße, daß jede Verbesserung in unserer Beziehung zur Tierwelt unfehlbar ein Fortschritt auf dem Wege zum menschlichen Glück bedeuten muß.»

August Bebel (1840–1913, Mitbegründer und Führer der deutschen Sozialdemokratie): «Offenbar tritt in dem Maße, wie die Kultur sich hebt, an die Stelle der Fleischkost die Pflanzenkost.»

Karl May (1842–1912, deutscher Schriftsteller): «Wenn die Menschen doch wüßten, was die Art und Zubereitung der Nahrung für einen Einfluß, für eine Wirkung hat! Doch hierüber könnte man Bücher schreiben, und es würde doch vergeblich sein. Aber daß ich jetzt als Sechzigjähriger mich körperlich und geistig noch genauso jung und arbeitsfreudig wie ein Zwanzigjähriger fühle, das habe ich wohl vorzugsweise dem Umstand zu verdanken, daß ich einfach und so wenig wie nur möglich esse. Obst aber, so viel ich immer kann, das ganze Jahr hindurch.» (als Kara Ben Nemsi, «Im Reich des silbernen Löwen»)

Bertha von Suttner (1843–1914, österreichische Schriftstellerin und Pazifistin; Friedensnobelpreisträgerin 1905): «Von hundert gebildeten und feinfühlenden Menschen würden schon heute wahrscheinlich neunzig nie mehr Fleisch essen, wenn sie selber das Tier erschlagen oder erstechen müßten, das sie verzehren.»

«Der Tod an sich ist nichts Furchtbares, nichts Höllenhaftes; wohl aber ist dies die Todesangst und die physische Qual. Daß bei der Tötung der Tiere diese beiden dem Opfer tunlichst zu ersparen seien, darüber ist doch kein gesitteter Mensch im Zweifel. Meiner Überzeugung nach wird auch einst die Zeit kommen, wo niemand sich wird mit Leichen ernähren wollen, wo niemand mehr sich zum Schlächterhandwerk bereit finden wird. Wie viele unter uns gibt es schon jetzt, die niemals Fleisch äßen, wenn sie selber das Messer in die Kehle der betreffenden Tiere stoßen müßten!»

«Wer die Opfer nicht schreien hören, nicht zucken sehen kann, dem es aber, sobald er außer Seh- und Hörweite ist, gleichgültig ist, daß es schreit und zuckt – der hat wohl Nerven, aber Herz hat er nicht.»

Peter Rosegger (1843–1918, öster. Schriftsteller): «Das Tier hat ein fühlendes Herz wie du. Das Tier hat Freude und Schmerz wie du. Das Tier hat einen Hang zum Sterben wie du. Das Tier hat ein Recht zu leben wie du.»

Friedrich Nietzsche (1844–1900, deutscher Philosoph): «Alle antike Philosophie war auf Simplizität des Lebens gerichtet und lehrte eine gewisse Bedürfnislosigkeit. In diesem Betracht haben die wenigen philosophischen Vegetarier mehr für die Menschen geleistet als alle neuen Philosophen, und solange die Philosophen nicht den Mut gewinnen, eine ganz veränderte Lebensweise zu suchen und durch ihr Beispiel aufzuzeigen, ist es nichts mit ihnen.»

«Die Vernunft beginnt bereits in der Küche. Durch den vollkommenen Mangel an Vernunft in der Küche ist die Entwicklung des Menschen am längsten aufgehalten und am schlimmsten beeinträchtigt worden. Ich glaube, daß die Vegetarier mit ihrer Vorschrift, weniger und einfacher zu essen, mehr Nutzen gestiftet haben als alle modernen Moralsysteme zusammen.»

Thomas Alva Edison (1847–1931, amerikanischer Erfinder, unter anderem der Glühbirne, des Grammophons und des Mikrophons): «Ich bin sowohl Vegetarier als auch Antialkoholiker, weil ich so besseren Gebrauch von meinem Gehirn machen kann.»

Robert Louis Stevenson (1850–1894, schottischer Schriftsteller): «Nichts erweckt unsere Abscheu mehr als der Kannibalismus. Und doch müssen wir wohl auf Buddhisten und Vegetarier denselben Eindruck machen, denn wir ernähren uns von Kindern, wenngleich nicht von unseren eigenen.»

Vincent van Gogh (1853–1890, niederländischer Maler): «Seit meinem Besuch im Schlachthaus von S. France habe ich aufgehört, Fleisch zu essen.» (in einem Brief an seinen Bruder Theodore)

Nikola Tesla (1856–1943, kroatisch-amerikanischer Physiker und Elektrotechniker): «Dem Anbau von Gemüse ist sicherlich der Vorzug zu geben, und ich denke, daß die vegetarische Lebensweise eine empfehlenswerte Abweichung von den bestehenden barbarischen Gewohnheiten ist. [...] Viele Rassen, die fast ausschließlich von Gemüse leben, weisen eine hervorragende Körperverfassung und Stärke auf. [...] In Hinsicht auf diese Tatsachen sollte jede Anstrengung unternommen werden, das mutwillige und grausame Schlachten von Tieren zu beenden, das unsere moralischen Werte zerstören muß.»

«Es scheint keine philosophische Notwendigkeit für Nahrungsmittel zu geben. Wir können uns organisierte Wesen vorstellen, die ohne Nahrung leben und die gesamte Energie, die sie zur Ausübung ihrer Lebensfunktionen benötigen, aus der Umgebung beziehen.»

George Bernard Shaw (1856–1950, irischer Dramatiker und Dichter; Literaturnobelpreisträger 1925): «Solange die Menschen Tiere quälen, foltern und erschlagen, werden wir Krieg haben. Wenn wir selbst lebende Gräber ermordeter Tiere sind, wie können wir dann auf dieser Welt ideale Zustände erwarten?»

«Tiere sind meine Freunde, und meine Freunde esse ich nicht! [...] Ein Mensch von meiner spirituellen Intensität ißt keine Leichen.»

«Wir sind die lebenden Gräber ermordeter Tiere, die wir, um unseren Appetit zu stillen, geschlachtet haben. Während unserer Gelage fragen wir uns unermüdlich, ob auch die Tiere genauso wie wir Menschen Rechte besäßen. Sonntags beten wir um Licht, auf daß die Wege, die wir beschreiten, erleuchtet werden. Wir sind des Krieges überdrüssig, wir wollen nicht mehr kämpfen, und nur schon der Gedanke daran erfüllt unser Herz mit Furcht. Und doch fressen wir uns mit Leichen voll. /

Wie Rabenkrähen leben und ernähren wir uns von Fleisch, ohne Rücksicht auf den Schmerz und das Leid, die wir durch unser Tun verursachen. Wenn wir wehrlose Tiere zu unserem Spaß oder Gewinn derart behandeln, wie können wir dann erwarten, in dieser Welt jenen Frieden zu erlangen, nach dem wir uns angeblich so sehnen? Über unzähligen Gräbern der Ermordeten beten wir zu Gott um Frieden, während wir uns an den moralischen Geboten versündigen. Solche Grausamkeit aber hat ihre Folgen: Krieg.»

Will Kellogg (1860–1951, amerikanischer Lebensmittelunternehmer): «Wie kann man nur irgend etwas essen, das Augen hat!»

Rudolf Steiner (1861–1925, österreichischer Philosoph, Pädagoge und Naturwissenschaftler; Begründer der Anthroposophie): «Seiner Nahrung aus der Pflanzenwelt verdankt der Mensch, daß er hinaufblicken kann zu den großen Zusammenhängen der Dinge, die aus den engen Grenzen des persönlichen Seins entspringen. [...] Überall, wo der Mensch frei und unbekümmert aus den großen Gesichtspunkten heraus Leben und Denken regelt, da verdankt er diesen Überblick seiner Nahrungsbeziehung zur Pflanzenwelt. [...] Der Fortschritt wird darin bestehen, sich in der tierischen Nahrung zu beschränken auf dasjenige, was noch nicht von Leidenschaften durchglüht ist, wie Milch. Die Pflanzennahrung wird einen immer weiteren Raum einnehmen in der menschlichen Nahrung.»

«Es gibt Tiere, die kein Fleisch fressen, zum Beispiel unsere Kühe. Wenn wir das Experiment machen könnten, eine Ochsenherde mit Fleisch zu füttern, so würden die Ochsen verrückt.»

Rabindranath Thakur (frühere Schreibweise: Rabindranath Tagore; 1861–1941, indischer Dichter und Philosoph; Literaturnobelpreisträger 1913): «Der Weg der Vollendung: Dies ist der Grund, warum in Indien ein ganzes Volk, das sich einst vom Fleisch ernährte, diese Nahrung aufgab: aus dem Gefühl der Liebe zu allem Lebenden – eine Tatsache, die einzig dasteht in der Geschichte der Menschheit.»

Sven Hedin (1865–1952, schwedischer Asienforscher): «Ich habe es nie über mich bringen können, ein Lebenslicht auszulöschen, das aufs neue anzuzünden mir die Macht fehlt.»

Max Oskar Bircher-Benner (1867–1939, Schweizer Arzt und Ernährungstherapeut; «Erfinder» des Birchermüesli): «Je mehr Raum die Fleischnahrung und die Reizmittel in der Kost einnehmen, desto geringer werden die Leistungen, die Tugend und die physischen Kräfte eines Volkes. In denjenigen Völkern aber, welche an einer ausschließlich oder vorwiegend pflanzlichen Kost festhalten, schlummert eine überraschende Entwicklungskraft. [...] Die Wirkung der Nahrung erstreckt sich nicht nur auf das Individuum, sondern auf die Reihe der Generationen.»

«Die Ernährung ist nicht das Höchste, aber sie ist der Boden, auf dem das Höchste gedeihen oder verderben kann.»

Mohandas «Mahatma» Gandhi (1869–1948, indischer Staatsmann, Reformer und Vertreter des gewaltlosen Widerstandes): «Die Größe und den moralischen Fortschritt einer Nation kann man daran messen, wie sie die Tiere behandelt.»

«Ich glaube, daß geistiger Fortschritt an einem gewissen Punkt von uns verlangt, daß wir aufhören, unsere Mitlebewesen zur Befriedigung unserer körperlichen Verlangen zu töten.»

«Ich glaube, daß der Mensch, da ihm nicht gegeben ist, etwas zu erschaffen, nicht das Recht hat, auch nur die kleinste Kreatur, die da lebt, zu zerstören.»

«Die Vivisektion ist nach meiner Auffassung das schwärzeste aller schwarzen Verbrechen, deren der Mensch sich heute gegenüber der Schöpfung schuldig macht. Lieber auf das Leben verzichten, als es mit der Qual fühlender Geschöpfe erkaufen.»

Prinz Max von Sachsen (1870–1951, deutscher Theologe und Lebensreformer): «Nicht eine milde Form der Schlachtung, sondern ihre Beseitigung soll man anstreben. Je mehr man das Schlachten ‹human› zu gestalten sucht, desto mehr stärkt man die Sache der Metzgerei selbst. Ein wirklich konsequenter Standpunkt des Tierschutzes wird erst dann gewonnen sein, wenn die Menschheit sich entschlossen haben wird, das Töten und Essen der Tiere aufzugeben. »

Christian Morgenstern (1871–1914, dt. Dichter und Dramaturg): «Wenn der moderne Mensch die Tiere, deren er sich als Nahrung bedient, selbst töten müßte, würde die Anzahl der Pflanzenesser ins Ungemessene steigen.»

«Ganze Weltalter voll Liebe werden notwendig sein, um den Tieren ihre Dienste und Verdienste an uns zu vergelten.»

Albert Schweitzer (1875–1965, elsässischer Theologe, Musiker und Missionsarzt; Friedensnobelpreisträger 1952): «Meine Ansicht ist, daß wir, die für die Schonung der Tiere eintreten, ganz dem Fleischgenuß entsagen und auch gegen ihn reden. So mache ich es selber.»

«Ich gebe mir darüber Rechenschaft, daß die Gewohnheit, Fleisch zu essen, nicht mit erhabenen Gefühlen in Übereinstimmung steht.»

«Ethik ist ins Grenzenlose erweiterte Verantwortung gegenüber allem, was lebt. Ehrfurcht vor dem Leben bedeutet Abscheu vor dem Töten.»

«Wo immer ein Tier in den Dienst des Menschen gezwungen wird, gehen die Leiden, die es erduldet, uns alle an. […] Tierschutz ist Erziehung zur Menschlichkeit.»

Magnus Schwantje (1877–1959, deutscher Autor, Pazifist und Tierschützer): «Es zeugt von Heuchelei, wenn ein Fleischesser mit Verachtung auf die Schlachter hinabblickt; denn der Mensch ist nicht nur verantwortlich für die Handlungen, die er selbst ausführt, sondern auch für die Handlungen, die er von andern ausführen läßt.»

Albert Einstein (1879–1955, deutsch-amerikanischer Physiker; Nobelpreisträger 1921): «Rein durch ihre physische Wirkung auf das menschliche Temperament würde die vegetarische Lebensweise das Schicksal der Menschheit äußerst positiv beeinflussen können.»

«So lebe ich fettlos, fleischlos, fischlos dahin, fühle mich aber ganz wohl dabei. Fast scheint mir, daß der Mensch gar nicht als Raubtier geboren ist.»

Manfred Kyber (1880–1933, deutscher Schriftsteller, Tierschützer und Gesellschaftskritiker): «Das Elend der Menschen wird solange dauern, wie der Jammer der Tiere zum Himmel schreit.»

«Das Töten an sich verroht, ebenso die Gleichgültigkeit den Qualen der Tiere gegenüber, und der Fleischgenuß selbst macht plumper und roher, ganz abgesehen davon, daß Fleischgenuß meist mit Alkoholverbrauch verbunden zu sein pflegt. Alkohol und Fleischgenuß ziehen den Menschen herab und machen ihn unempfänglich für die feineren Daseinsschwingungen im Kosmischen und in sich selbst.»

«Wie feiern wir heute die christlichen Feiertage, die Feste der Liebe und des Friedens? Nicht mit einer Erhebung zum Geistigen und Göttlichen, sondern mit Fressen und Saufen. Die ersten Vorzeichen einer christlichen Weihnacht, christlicher Ostern besteht darin, daß man Millionen von Gottesgeschöpfen die Gurgel durchschneidet.»

Elly Ney (1882–1968, deutsche Pianistin und Musikprofessorin): «Der Vegetarismus ist mir seit Jahrzehnten ein inneres Anliegen, und ich halte ihn für die naturgemäße Lebensweise des Menschen. […] Es ist mir unbegreiflich, daß nicht jeder Tierfreund zugleich Vegetarier ist.»

Vegetarier mit Nobelpreis

Henry **Dunant**	Frieden 1901
Bertha **von Suttner**	Frieden 1905
Rabindranath **Thakur**	Literatur 1913
Romain **Rolland**	Literatur 1915
Albert **Einstein**	Physik 1921
George Bernard **Shaw**	Literatur 1925
C.V. **Raman**	Physik 1930
Albert **Schweitzer**	Frieden 1952
Linus Carl **Pauling**	Chemie 1954; Frieden 1962
George **Wald**	Medizin 1967
Isaac Bashevis **Singer**	Literatur 1978
Elias **Canetti**	Literatur 1981
Chandrashekar **Subrahmanyam**	Physik 1983
Elie **Wiesel**	Frieden 1986
Der 14. **Dalai Lama**	Frieden 1989
Aung San **Suu Kyi**	Frieden 1991
V.S. **Naipaul**	Literatur 2001
John Maxwell **Coetzee**	Literatur 2003

Rajendra Prasad (1884–1963, indischer Politiker und Staatspräsident): «Ich glaube kaum, daß irgendein anderes Land eine solch große Anzahl von Vegetariern innerhalb seiner Bevölkerung aufweist und sich seit Generationen schon der Fleischkost enthalten hat – und dies nicht nur deshalb, weil man sie für ungeeignet für den Menschen hielt, sondern weil man sie sogar als schädlich für die geistige Entwicklung ansah.»

Theodor Heuss (1884–1963, erster Bundespräsident der Bundesrepublik Deutschland): «Je früher unsere Jugend von sich aus jede Roheit gegen Tiere als verwerflich anzusehen lernt, je mehr sie darauf achtet, daß aus Spiel und Umgang mit Tieren nicht Quälerei wird, desto klarer wird auch später ihr Unterscheidungsvermögen werden, was in der Welt der Großen Recht und Unrecht ist.»

Eugen Roth (1895–1976, deutscher Schriftsteller): «Es denkt der Mensch, zufrieden froh: / Ich bin kein Schlächter, blutig roh; / doch da der Mensch kein Wurstverächter, / so trägt die Mitschuld er am Schlächter.»

Theodor W. Adorno (1903–1969, deutscher Philosoph, Soziologe und Komponist): «Auschwitz fängt da an, wo einer im Schlachthof steht und sagt: ‹Es sind ja nur Tiere.›»

Carl Anders Skriver (1903–1983, deutscher Philosoph, Theologe und Ordensgründer): «Die Ethik der Ernährung zielt ab auf die Reinheit der Hände von Bluttat, die Reinheit unter der Haut und die Reinheit des Herzens. Aber von Reinheit des Herzens kann keine Rede sein bei einem unreinen Allesesser, der sich keine Gedanken und keine Gewissensbisse macht über die grauenhaften Verbrechen an der Tierwelt, die täglich in der christlichen Welt geschehen, nur für die Zwecke der menschlichen Ernährung.»

Konrad Lorenz (1903–1989, österreichischer Verhaltensforscher; Medizin-Nobelpreisträger 1973): «Die industrielle Fließbandhaltung von Tieren ist zweifelsohne eines der dunkelsten, schandhaftesten Kapitel der menschlichen Kultur.»

Isaac Bashevis Singer (1904–1991, amerikanischer Schriftsteller; Literaturnobelpreisträger 1978): «Alles, was mit Vegetarismus zu tun hat, ist von allergrößter Wichtigkeit, denn es wird auf der Welt keinen Frieden geben, solange wir Fleisch essen.»

«Es wird oft gesagt, daß die Menschen schon immer Fleisch gegessen hätten, als ob dies eine Rechtfertigung dafür wäre, dies weiterhin zu tun. Gemäß dieser Logik dürften wir nicht versuchen, Menschen daran zu hindern, andere Menschen umzubringen, da dies auch schon seit jeher getan wurde.»

«Wir sind alle Gottes Geschöpfe. Daß wir um Gnade und Gerechtigkeit beten, während wir weiterfahren, das Fleisch der Tiere zu essen, die um unsretwillen geschlachtet wurden, ist unvereinbar. […] Des Menschen eigenes Verlangen nach Gerechtigkeit bleibt jedoch auf der Strecke, wenn er Tiere tötet, um sie zu essen. Denn der Mensch bittet Gott um Barmherzigkeit, ist aber selbst nicht bereit, sie zu gewähren. Mit welchem Recht erhofft er also Gottes Gnade? Es ist ungerecht und entbehrt jeglicher Konsequenz, etwas zu erwarten, das man selbst nicht gewillt ist zu geben.»

«Der Vegetarismus ist meine Weltanschauung. […] Ich bin und bleibe Vegetarier, auch wenn die ganze Welt plötzlich Fleisch essen würde. Dies ist mein Protest gegen den Zustand der Welt. Vegetarier zu sein bedeutet, nicht mitzumachen, sich gegen den aktuellen Lauf der Dinge zu stellen. Atomkraft, Hunger, Grausamkeit – wir müssen protestieren und Stellung beziehen. Der Vegetarismus ist meine Konsequenz. Und ich halte sie für bedeutsam.»

Elias Canetti (1905–1994, bulgarischer Schriftsteller; Literaturnobelpreisträger 1981): «Es schmerzt mich, daß es nie zu einer Erhebung der Tiere gegen uns kommen wird, der geduldigen Tiere, der Kühe, der Schafe, allen Viehs, das in unsere Hand gegeben ist und ihr nicht entgehen kann. Ich stelle mir vor, wie eine Rebellion in einem Schlachthaus ausbricht und von da sich über eine ganze Stadt ergießt. [...] Ich wäre schon erleichtert über einen einzigen Stier, der diese ‹Helden›, die Stierkämpfer, jämmerlich in die Flucht schlägt und eine ganze blutgierige Arena dazu. Aber ein Ausbruch der minderen, sanften Opfer, der Schafe, der Kühe wäre mir lieber. Ich mag es nicht wahrhaben, daß das nie geschehen kann; daß wir vor ihnen, gerade ihnen allen, nie zittern werden.»

Luise Rinser (1911–2002, deutsche Schriftstellerin): «Heute sehen wir nichts mehr vom qualvollen Leben und Sterben des Schlachtviehs. Das geht automatisch vor sich. Eben noch ein Tier, im nächsten Augenblick schon zerteiltes Fleisch: unsre Nahrung. Unsre Art von Kannibalismus.»

«Hindus und Buddhisten essen kein Fleisch. Warum nicht? Weil sie wissen, daß auch im Tier ‹Atman› ist: der göttliche Hauch. Das Tier: eine Manifestation Gottes. [...] Es wird lange dauern, bis die Menschheit begriffen hat, daß nicht nur die Völker der Erde *ein* Volk sind, sondern daß Menschen, Pflanzen und Tiere zusammen das ‹Reich Gottes› sind und daß das Schicksal des einen Bereichs auch das Schicksal des andern ist.»

O.W. Fischer (1915–2004, deutscher Schauspieler und Privatgelehrter): «Warum ich nicht meine Brüder esse? Einfach aus Familiensinn, das ist alles. Irgendwo muß Scham ja beginnen.»

Allen Carr (1934–2006, britischer Buchautor und Referent, bekannt durch «Endlich Nichtraucher!»): «Es wäre zu entschuldigen, hätten wir nicht bereits eine Fülle an Nahrung und müßten es tun, um zu überleben. Aber wenn uns Fleisch übergewichtig macht, träge und krank, nicht das Geringste zu unserem Wohlbefinden beiträgt und uns davon abhält, das zu essen, was uns mit Energie und Gesundheit erfüllen würde, dann ist das nur noch Ignoranz und Dummheit.»

Janez Drnovšek (1950–2008, Staatspräsident Sloweniens 2002–2007): «Bei meiner Entscheidung für den Vegetarismus hat neben dem ethischen

Beweggrund auch die Tatsache eine Rolle gespielt, daß der Mensch tatsächlich kein Tierfleisch benötigt. Fleischessen ist lediglich eine uns anerzogene Gewohnheit. [...]

Es erscheint mir wirklich unsinnig, daß das Hauptanliegen der Europäischen Union die hundertprozentige Subventionierung landwirtschaftlicher und vor allem tierischer Erzeugnisse ist. Die Tatsache, daß die Europäische Union die Massenhaltung von Rindern oder Geflügel subventioniert, ist vom ethischen Standpunkt aus die am meisten bedenkliche. Aber nicht nur vom ethischen, auch vom Standpunkt der Ernährung aus. Daran erinnert uns die Natur bereits selbst: durch BSE, in letzter Zeit mit der Schweinepest oder dem Vogelgrippe-Virus. Es ist einfach offensichtlich, daß etwas nicht in Ordnung ist, daß sich etwas entgegen den Zyklen der Natur abspielt, und dies ist eine Warnung an den Menschen.

Allerdings bin ich der Ansicht, daß die Bewußtwerdung der Menschen bereits fortschreitet, bei uns und auch anderswo in der Europäischen Union. Die Menschen suchen verstärkt nach gesunden Produkten, und ich denke, daß sie auch immer mehr zur Natur zurückkehren und ebenfalls sensibler werden, was Tiere und tierische Nahrungsmittel anbelangt.» (aus einem Interview vom Dezember 2005)

Michael Jackson (1958–2009, amerikanischer Popmusiker, «King of Pop»): «Ich besitze selbst viele Tiere und liebe sie über alles. Wie könnte ich dann ihr Fleisch essen? Seit ich 20 Jahre alt bin, habe ich keinen Bissen Fleisch mehr angerührt.»

Vegetarismus-Zitate prominenter Zeitgenossen

Neben den bisher genannten und zitierten Philosophen, Schriftstellern und Wissenschaftlern aus der Geschichte bekennen sich heute zunehmend auch zahlreiche bekannte Intellektuelle, Künstler, Schauspieler, Musiker, Sportler und sogar Politiker öffentlich zur vegetarischen Lebensweise.

Aus der Fülle der entsprechenden Zitate haben wir nachstehend einige besonders markante ausgewählt. Am Schluß des Kapitels folgen als aktuelle Ergänzung mehrere Listen prominenter zeitgenössischer Vegetarier und Vegetarierinnen.

Karlheinz Deschner (*1924, deutscher Schriftsteller, Religionswissenschaftler und Philosoph): [Auf die Frage: «Warum finden Sie es schlimm, wenn Menschen Tiere schlachten, um sie zu essen?»] «Weil es Barbarei ist, fortgesetzter Aasverzehr, sagt Voltaire. Weil es die schändlichste Vergewaltigung von Schwächeren ist, die es gibt, und eine der Grundlagen unserer Verderbtheit. Weil Tiere, die größeren jedenfalls, so gerne leben wie wir. Weil ich denke, Naturgesetz hin, Naturgesetz her: ‹Was du nicht willst, das man dir tu, das füg auch keinem andern zu.› Und weil ich denke: ‹tat twam asi› – das bist du. Es gibt kein größeres Ethos.» (Interview, 2005)

«Gegenüber dem Tier ist der Mensch Gewohnheitsverbrecher.»

«Verdient eine Menschheit, die Trilliarden Tiere tötet, nicht eben das, was sie dem Tier antut?»

«Eine Gesellschaft, die Schlachthäuser und Schlachtfelder verkraftet, ist selber schlachtreif.»

«Moralische Bedenken gegen Kalbsbraten? Von seiten der Erzieher nicht. Von seiten der Jurisprudenz nicht. Von seiten der Moraltheologie nicht. Von tausend anderen moralischen Seiten nicht. Von der des Kalbes vielleicht?»

«Die Speisekarte: das blutigste Blatt, das wir schreiben.»

«Fleisch macht das Essen nicht schlechter, aber den Esser.»

Barbara Rütting (*1927, Schauspielerin, Buchautorin, 2003–2009 Abgeordnete der Grünen im Bayerischen Landtag): «Der Einstieg in eine bewußtere, ökologische und dem gesamten Kosmos dienende Lebensweise geschieht am einfachsten über die Änderung der Ernährungsweise. […] Durch die Art, wie ich mich ernähre, trage ich zur Rettung des Planeten bei – oder zu seinem Untergang. Ernährung ist also durchaus ein Politikum und keine reine Privatsache. Mir scheint, nicht der Biß in den Apfel hat den Sündenfall eingeleitet, sondern der Biß ins Fleisch. [...] Auch wenn viele Menschen nur aus gesundheitlichen Gründen heute weniger Fleisch essen, betrachte ich auch das als einen Fortschritt. Sie haben immerhin begonnen nachzudenken.»

«Achtung vor dem Leben und Mitgefühl für alle Kreaturen dieser Welt sind der Maßstab wirklicher Humanität. Wenn dieser Maßstab ernst genommen wird, schließt er das sinnlose Töten und das Essen von Tieren aus. Es ist die Elle, an der unsere Menschlichkeit gemessen werden kann.»

Claus Leitzmann (*1933, deutscher Ernährungswissenschaftler): «Aus ernährungsphysiologischer Sicht kann festgestellt werden, daß eine vielseitig zusammengestellte, vollwertige lakto-(ovo-)vegetarische Kostform nicht nur für Erwachsene geeignet und günstig ist, sondern auch den Nahrungsenergie- und Nährstoffbedarf in allen Entwicklungsphasen von Kindern und Jugendlichen deckt.»

Dalai Lama (*1935, Oberhaupt des tibetischen Buddhismus; Friedensnobelpreisträger 1989): «Selbstverständlich stehen wir auf einer höheren Stufe als die Tiere aufgrund unserer Intelligenz und Geisteskraft. [...] Aber im Hinblick auf das Recht zu leben befinden wir uns natürlich auf derselben Stufe wie die Tiere. Hier sind wir den Tieren gleich. Wir alle sind Lebewesen in dieser körperlichen Manifestation auf dieser Erde zu dieser Zeit und haben alle das gleiche Recht zu leben. Es ist unrecht, einen anderen Menschen zu töten, und es ist ebenso unrecht, ein Tier zu töten.»

«Es ist eine Schande, daß wir diese armen Tiere für unseren eigenen Vorteil, und sei es nur ein Gaumenkitzel, töten. [...] Heute – mehr denn je zuvor – muß das Leben geprägt sein von einer umfassenden, universellen Verantwortung, nicht nur zwischen den Nationen und Ländern oder von Mensch zu Mensch, sondern auch zwischen Menschen und anderen Lebewesen.»

«Um einen menschlichen Magen zu befriedigen, werden so viele Leben fortgenommen. Wir müssen die vegetarische Lebensweise propagieren. Das ist äußerst wichtig.»

[Auf die Frage: «Ihr Assistent sagte uns, daß Sie Halb-Vegetarier sind. Was darf man sich darunter genau vorstellen?»] «Nun, Anfang der sechziger Jahre ging ich dazu über, ausschließlich vegetarische Kost zu essen. Das hielt ich auch zwei Jahre lang konsequent durch. Aber dann bekam ich Hepatitis. Mein Körper färbte sich gelb – meine Augen, meine Nägel, alles. Ich sah aus wie der leibhaftige Buddha, aber nicht aufgrund meiner Spiritualität, sondern wegen meiner Krankheit. Deswegen ernährte ich mich wieder wie früher. Später aß ich dann einen Tag lang vegetarisch, den nächsten nicht. Seit einem Jahr nun nehme ich nahezu ausschließlich vegetarische Kost zu mir, was aber nicht heißen soll, daß ich zu einhundert Prozent Vegetarier bin. Auf Reisen zum Beispiel akzeptiere ich auch Fleisch, wenn es im Hotel auf den Tisch kommt. Üblicherweise esse ich aber vegetarisch. Es scheint mir, daß dadurch mein Magen kleiner geworden ist.» (Interview, 2005)

Jane Goodall (*1934, britische Verhaltensforscherin): «Tausende von Menschen, die sagen, sie würden Tiere ‹lieben›, setzen sich ein- bis zweimal am Tag hin, um Fleisch zu essen – Fleisch von Kreaturen, die jeglichem beraubt worden sind, was ihr Leben lebenswert macht, und die in Schlachthöfen die schrecklichsten Leiden erdulden mußten.»

Franz Alt (*1938, deutscher Journalist und Buchautor): «Wir führen nicht nur Krieg gegen Tiere, sondern gegen die ganze Natur und damit gegen uns selber. Denn alles, was wir heute Tieren antun, kommt auf uns zurück. Dies ist der Grundkonsens in allen Weltreligionen: Ihr könnt nur ernten, was ihr sät.»

Eugen Drewermann (*1940, deutscher Theologe, Psychotherapeut und Schriftsteller): «Die Massentierhaltung ist als erstes ein Unrecht, das wir den Tieren zufügen. Selbst nach Meinung des Gesetzgebers sind Tiere artgerecht zu halten. Die Massentierhaltung ist nicht artgerecht. Sie ist eine millionenfache Quälerei an Tieren, deren Dasein zu nichts weiter bestimmt sein soll, als den Verbrauchern billige Preise vorzugaukeln und der Zulieferindustrie satte Gewinne einzufahren – auf Kosten der Tiere, auf Kosten der Bauern, auf Kosten aller mit Ausnahme weniger Nutznießer, die sich allerdings der besonderen Fürsorge des Landwirtschaftsministeriums erfreuen, das die Öko-Bauern zunehmend benachteiligt.

Die Massentierhaltung ist aber auch ein Unrecht, das wir uns selbst zufügen. Sie zwingt den großen Teil der Bevölkerung zum Wegschauen, zum Vergleichgültigen, zum Ausblenden – also zum Lügen, zur Gefühlsabstumpfung und zur Verdrängung. Wer mit dem offensichtlichen Leid der Tiere derart umgeht, verkrüppelt sich als Mensch, und er wird Mitleid auch mit Menschen, wenn es darauf ankommt, kaum aufbringen.

Die Massentierhaltung ist im Kern der Ausdruck einer ‹Ethik›, die uns Menschen alle Rechte gegenüber der ‹unvernünftigen› Kreatur zuspricht, den Tieren aber alle Lasten auferlegt. Diese Ethik ist falsch. Es gibt kein ‹Recht›, mit fühlenden Wesen gefühllos umzugehen.

Die Massentierhaltung ist illegal und illegitim. Sie gehört abgeschafft.» (Ein Appell, Januar 2011)

Paul McCartney (*1942, britischer Popmusiker; Mitglied der legendären Beatles): «Ich esse nichts, was ein Gesicht hat.»

«Wenn Schlachthäuser Glaswände hätten, würden alle Menschen vegetarisch leben. Ich fühle mich einfach besser – für mich selbst und für die Tiere –, wenn ich weiß, daß ich nicht zu ihrem Leid beitrage.»

«Ich glaube an den friedlichen Protest, und keine Tiere zu essen ist ein solch gewaltfreier Protest.»

«Wer immer unseren Planeten retten will, braucht nur mit dem Fleischessen aufzuhören. Das ist die allerwichtigste Maßnahme, die man dafür treffen kann. Es ist umwerfend, wenn man darüber nachdenkt: Der Vegetarismus stellt für so vieles eine sofortige Lösung dar: Umwelt, Hungersnot, Grausamkeit.»

Reinhard Mey (*1942, deutscher Liedermacher): «Sie hat den Himmel nie gesehn, / durft nie auf einer Weide stehn, / hat nie auf trocknem, frischem Stroh gesessen. / Sie hat sich nie im Schlamm gesuhlt, / freudig gepaart und eingekuhlt – / wie könnte ich dies Häufchen Elend essen? / Die Speisekarte in der Hand, / seh ich über den Tellerrand / und kann die Bilder wohl nie mehr vergessen. / Ich möchte nicht, du armes Schwein, / an deinem Leid mitschuldig sein.» (aus dem Lied «Die Würde des Schweins ist unantastbar», 1992)

Elke Heidenreich (*1943, deutsche Schriftstellerin und Literaturkritikerin): «Die Qual mißhandelter Tiere fällt auf uns zurück. Ein Mensch, der Tiere quält und ausbeutet, kann keinen Frieden finden und keinen geben. Wir sind Teil ein und derselben Welt.»

Alice Walker (*1944, amerikanische Schriftstellerin und politische Aktivistin): «Eines Tages, als wir über Freiheit und Gerechtigkeit sprachen, saßen wir gerade bei Steaks. Ich esse Elend, dachte ich mir, als ich den ersten Bissen zu mir nahm. Und spuckte ihn aus.»

Roger Glover (*1945, britischer Rockmusiker, Bassist der Bands Deep Purple und Rainbow): «Ich bin sehr nachsichtig mit den Menschen. Wenn sie Fleisch essen wollen, dann sollen sie es eben tun. Ich denke sehr wohl, daß die Welt eine bessere Welt wäre, wenn sie es nicht täten, doch ich werde nichts daran ändern, und daher ist es sinnlos, darüber zu diskutieren. Ich bin aber davon überzeugt, daß früher oder später, gewiß in den kommenden hundert Jahren oder so, mehr Menschen Gemüse essen werden als Fleisch, einfach weil es gesünder ist.»

Richard Gere (*1949, amerikanischer Schauspieler): «Als Hüter dieses Planeten liegt es in unserer Verantwortung, alle Lebewesen mit Anteilnahme zu behandeln. Viele fühlen sich durch Tierrechtkampagnen beleidigt, doch das ist lächerlich. Sie sind niemals so schlimm wie der massenhafte Tod in Tierfabriken.»

Chrissie Hynde (*1951, amerikanische Rockmusikerin, Frontfrau der Band Pretenders): «Die Fleischindustrie gibt Hunderte Millionen Dollars aus, um die Öffentlichkeit in bezug auf ihre Produkte zu belügen. Aber keine Summe falscher Propaganda kann Fleisch reinwaschen. Die Fakten sind absolut klar: Fleischessen ist schlecht für die Gesundheit des Menschen, katastrophal für die Umwelt und für die Tiere ein lebendiger Albtraum.»

Helmut F. Kaplan (*1952, österreichischer Philosoph und Pionier der Tierrechts-Bewegung): «Als Kind sah ich beim Metzger und in den Lebensmittelgeschäften immer diese toten Tiere: Schweinehälften, Fische usw. Das hat mich sehr schockiert und dann als Elfjährigen veranlaßt, kein Fleisch mehr zu essen.»

«Wir brauchen für Tiere keine neue Moral. Wir müssen lediglich aufhören, Tiere willkürlich aus der vorhandenen Moral auszuschließen.»

Nina Hagen (*1955, deutsche Pionierin des Punkrocks): «Der menschliche Magen ist kein Friedhof für Tiere.»

Martina Navrátilová (*1956, tschechisch-amerikanische Tennisspielerin): «Wir haben die Wahl – wir müssen nicht unbedingt Fleisch essen. Eine vegetarische Lebensweise ist ein gesunder Weg für uns Menschen, hilft unserem Planeten und rettet viele Tiere.»

Alec Baldwin (*1958, amerikanischer Schauspieler): «Du verbesserst deine Gesundheit, hilfst der Umwelt und rettest zahlreiche Tiere vor dem Tod: Allein diese Gründe sind für mich schon ausreichend, um Vegetarier zu sein.»

«Jedes Mal, wenn wir uns zum Essen zu Tisch setzen, treffen wir eine Wahl. Bitte wählen Sie etwas Vegetarisches. Tun Sie es für die Tiere, für die Umwelt und für Ihre Gesundheit.»

Morrissey (*1959, britischer Rockmusiker): «Niemand kann ein gutes Argument für das Essen von Tieren vorbringen, niemand kann das. Die Leute sagen spaßeshalber: ‹Nun, es ist eben schmackhaft.› Aber es schmeckt nur, wenn man es garniert, Salz und Pfeffer beifügt und es kocht. Und man muß noch dreihundert weitere Dinge tun, um den eigentlichen Geschmack zu überdecken.»

Carolin Wehrmann (*1959, deutsche Künstlerin): «Die vegetarische Ernährung ist ein Thema, das mir schon lange am Herzen liegt. Ich habe mich jahrelang nicht nur für Umweltschutz, sondern auch für Tierschutz eingesetzt. Den Ausschlag aber gab meine damals zweijährige Tochter. [...] Sie hat Fleisch von Anfang an verweigert. Im Alter von zwei Jahren fragte sie mich: ‹Was ist Fleisch eigentlich?› Weil sie anfing zu weinen, als ich es ihr erklärte, versprach ich ihr ohne weitere Erklärungen: ‹Mein Liebes, ab morgen essen wir kein Fleisch.› Ich konnte ihr nicht erklären, daß Tiere zum Essen da seien, denn ich wußte: Es ist nicht so.»

Bryan Adams (*1959, kanadischer Rockmusiker): «Ich lebe vegan seit 1988. Eines Tages wachte ich auf, nachdem ich ein Steak gegessen hatte, und fühlte mich so krank. Seitdem habe ich nie wieder ein totes Tier gegessen.»

«Ich bin seit vielen Jahren Vegetarier, und ich war noch nie ernsthaft krank. Vegetarische Ernährung stärkt das Immunsystem. Ich glaube, daß Fleisch krank macht. Und übrigens: Wer Fisch ißt, ist kein Vegetarier.»

«Wahrer Vegetarismus hat eine sehr spirituelle Seite: Du bist mehr mit der Erde verbunden und behandelst alles, was um dich ist, mit viel mehr Respekt. Du erkennst, daß wir nicht das Recht haben, zu töten.»

Dirk Bach (*1961, deutscher Schauspieler, Moderator und Komiker): «Die Tiere verloren mit der Käfighaltung das letzte Quäntchen Respekt, das wir ihnen bis dahin entgegenbrachten. Zwar wird Tierschutz in Deutschland groß geschrieben, doch beim Blick hinter die Kulissen der industriellen Tierproduktion stellt sich die Frage, ob wir uns da nicht etwas vormachen.»

K.D. Lang (*1961, kanadische Country- und Popmusikerin): «Ich komme aus dem Land der Rinder, das ist der Grund, warum ich Vegetarierin geworden bin. Wenn du wüßtest, wie Fleisch hergestellt wird, würdest du es nicht mehr essen können. Fleisch stinkt. Es bedeutet nicht nur Leiden für die Tiere, sondern stellt auch ein Problem für die menschliche Gesundheit und unsere Umwelt dar.»

«Wir alle lieben Tiere. Warum aber bezeichnen wir dann einige als ‹Haustiere› und andere als ‹Abendessen›?»

Silvia Siegenthaler (*1962, Schweizer Pädagogin, Künstlerin und Mitbegründerin des «Theistic Network»): «Ich lebe seit Geburt vegetarisch. Ich esse nur, was Wurzeln hat und atmet ohne Atemzug.»

Richard David Precht (*1964, deutscher Philosoph und Publizist): «Unsere Spiegelneuronen funken beim Gebrüll eines Kälbchens im Schlachthaus, aber sie bleiben untätig bei einem formverpackten Schnitzel.» / «Federleicht wiegen die simplen Gaumenfreuden des Menschen gegenüber dem unsagbaren Leid der Tiere, Leib und Leben dafür hergeben zu müssen.»

Désirée Nosbusch (*1965, Luxemburger Schauspielerin und Moderatorin): «Ich trage keine Pelzmäntel, weil ich nicht will, daß meinetwegen Tiere sterben müssen. Also ist es nur konsequent, daß ich auch kein Fleisch esse.»

Shania Twain (* 1965, kanadische Country- und Rockmusikerin; wurde im Jahr 2001 zur schönsten Vegetarierin der Welt gewählt): «Ich esse weder Fleisch noch Fisch, noch Eier. Ich war nie eine große Fleischesserin, und seitdem ich Vegetarierin bin, habe ich deutlich mehr Energie.»

Moby (*1965, amerikanischer Rockmusiker und Musikproduzent): «Intellektuell gesehen mögen Menschen und Tiere unterschiedlich sein, aber es ist ziemlich offensichtlich, daß Tiere ein reiches Gefühlsleben haben und Freude und Schmerz empfinden. Leicht vergißt man die Verbindung zwischen einem Hamburger und der Kuh, von der er stammt. Aber ich habe mich gezwungen, mir bewußt zu machen, daß bei jedem Hamburger, den ich aß, eine Kuh aufgehört hatte zu atmen, zu muhen und herumzulaufen.»

Christoph Maria Herbst (*1966, deutscher Schauspieler): «Ich bin eigentlich damals, als die BSE-Krise ihren Höhenpunkt hatte [Anfang 2001], Vegetarier geworden. Da habe ich mir überlegt: Ja, was kannst du tun? Und man kann eben als Endverbraucher eine Menge tun – indem man einfach kein Fleisch mehr ißt. Wenn das viele machen würden, dann wäre natürlich nochmal ein ganz anderer Druck da. Ich habe einfach einen Schlußstrich gezogen, und das Schöne ist: Ich vermisse es nicht. [...] Ich fühle mich, seit ich Vegetarier bin, sehr viel energievoller und sehr viel gelöster und habe irgendwie mehr Kraft.»

Thomas D (*1968, deutscher Rapper, Mitglied der Gruppe Die Fantastischen Vier): «Jeder normale Mensch, der einmal gesehen hat, wie es im Schlachthaus zugeht, der einmal gesehen hat, wie eine Kuh ausgenommen wird, müßte doch sofort aufhören, Fleisch zu essen.»

«Der Schmerz von Milliarden gequälten Tieren geht auch in unsere Gefühlswelt ein und drückt unser eigenes Gute-Laune-Potential. Ich kann mir nicht vorstellen, daß das einfach ohne Wirkung bleibt. [...] Das Klima hält unseren Fleischkonsum einfach nicht mehr aus! Tierhaltung ist ein größerer Klimakiller als der gesamte Verkehr. Und die Hungerkrise werden wir nur lösen können, wenn wir die Pflanzen selber essen, die wir sonst vielfach mehr an Tiere verfüttern. Ist doch Wahnsinn, wieviel Futter wir in ein Rind stopfen, und noch wahnsinniger, wieviel Regenwald wir für das Tierfutter zerstören. Das gilt auch für das Futter, das deutsche Rinder kriegen. [...]

Wir wissen ja alle, wie wichtig es ist vegan/vegetarisch zu leben. Wichtig für: die Tiere, das Klima, CO_2, die Ressourcen und deren gerechte Verteilung, die Regenwälder; der ganze Wahnsinn inklusive der Chemie in unseren Nahrungsmitteln und den Seuchen, die wir uns herangezüchtet haben. Trotzdem heißt es nicht, daß die Veganer und Vegetarier bessere Menschen sind. [...] Und doch ist es eine ganz wichtige Entscheidung, kein Fleisch mehr zu essen. Bei mir war es eine freie Entscheidung, und ich habe mir gesagt: Ne, laß mal. Eigentlich eine einfache Entscheidung.» (Interview, 2008)

Kaya Yanar (*1973, deutscher Komiker und Moderator): «Ich bin bekennender Vegetarier. Es liegt daran, daß ich den Schmerz der Tiere wirklich nicht ertragen kann. [...] Denn die Tiere sind unsere Freude, unsere Freunde, unsere Brüder und Schwestern.»

Kool Savas (*1975, deutscher Rapper): «Ich bin seit vielen Jahren Vegetarier. Massentierhaltung, Zweckentfremdung von Tierfellen und jegliche Art der Quälerei von Tieren lassen sich einfach nicht rechtfertigen. Du weißt, daß es falsch ist.»

Jack Johnson (*1975, amerikanischer Surfer und Singer-Songwriter): «Eines Tages sah ich auf der Straße einen Sattelschlepper mit Hähnchen vorbeifahren. Es waren wirklich altersschwach aussehende Hähnchen, und sie taten mir so leid. Ich fühlte: Mann, ich kann keine Hähnchen mehr essen, nachdem ich das gesehen habe – für etwa drei Monate. Ich liebe Tiere, und manchmal komme ich mir wie ein Heuchler vor, wenn ich Hähnchen oder Rindfleisch esse, weil ich weiß, daß ich nicht fähig wäre, sie selber zu töten. Wenn ich eine Kuh betrachtete und eine Pistole hätte, so glaube ich nicht, daß ich sie wirklich erschießen könnte.»

Alicia Silverstone (*1976, amerikanische Schauspielerin; wurde im Jahr 2004 zur schönsten Vegetarierin der Welt gewählt): «Ich habe erkannt, daß es einen Weg gibt, das Elend der Tiere zu beenden, und zwar den, kein Teil davon zu sein. Als ich diese Wahl traf, erkannte ich, daß ich für meine eigenen Überzeugungen eintreten kann.»

«Veganerin zu werden war der beste Schritt, den ich in meinem Leben gemacht habe. Ich fühle mich so viel glücklicher und selbstsicherer. Ich habe eine Entscheidung aufgrund meiner moralischen Überzeugung getroffen.»

«Zeigt Achtung vor jeglichem Leben! Ich denke, es ist wirklich anmaßend, Tiere mit solch ungeheurer Grausamkeit zu behandeln. Wir können gut auf alle tierischen Produkte verzichten.»

Jonathan Safran Foer (*1977, amerikanischer Schriftsteller): «Ich halte es für ziemlich wahrscheinlich, daß in zehn Jahren die meisten Mahlzeiten vegetarisch sein werden. [...] Man wird auf den Menükarten der Restaurants die Anzahl der Fleischgerichte und die der vegetarischen Gerichte im Gegensatz zu heute umkehren. Es wird in der nicht allzu weit entfernten Zukunft eine Zeit geben, in der wir über Fleisch so denken werden wie heute über Zigaretten. Die Leute werden sich ein wenig schämen, wenn sie Fleisch essen, und sich vielleicht ein wenig ekeln. Sie werden nicht mehr so offen und so schamlos Fleisch essen wie heute.»

Chris Martin (*1977, britischer Rockmusiker, Frontmann der Band Coldplay): «Die ideale Welt ist ohne Waffen und vegetarisch.»

Eva Briegel (*1978, deutsche Popmusikerin, Sängerin der Band Juli): «Tiere empfinden Schmerzen. Manchmal glaube ich, das haben die meisten vergessen. Ich bin seit 14 Jahren Vegetarierin, und mir geht es prima.»

Bianca Sissing (*1979, Miss Schweiz 2003/04): «Nachdem ich gesehen habe, wie die Tiere in Schlachthöfen oder auf Tiertransporten behandelt werden, war es für mich klar: Ich esse nie wieder Fleisch!»

Lauriane Gilliéron (*1984, Miss Schweiz 2005/06): «Ich esse kein Fleisch, weil ich Tiere liebe und verrückt nach ihnen bin. Tiere sind für mich wertvolle Wesen mit Schmerzempfinden und Gefühlen, wie wir sie auch haben. [...] Ich bin sehr stolz darauf, Vegetarierin zu sein, und ich werde diese Botschaft immer vertreten. Ich habe kein Problem damit, wenn ich deswegen angegriffen werde. Solange ich lebe, werde ich für Tiere kämpfen.»

Leona Lewis (*1985, britische Popmusikerin; wurde im Jahr 2008 zur schönsten Vegetarierin der Welt gewählt): «Ich bin total gegen Tierquälerei. Ich bin Vegetarierin, also besitze ich auch keinerlei Kleidung, Schuhe oder

Taschen aus Leder, Wildleder oder sonstigen Tierprodukten. Ich habe eine Mission.»

«Tiere haben etwas Besseres verdient, als von uns gegessen zu werden.»

Joss Stone (*1987, britische Popmusikerin): «Ich wurde bereits als Vegetarierin geboren. Es gibt keinen Grund, einem anderen Lebewesen Schmerz oder Schaden zuzufügen. Wir haben doch so viel anderes, was wir essen können. Ich habe in meinem ganzen Leben noch kein Fleisch gegessen – und ich bin über 1,75 m groß und falle nicht gerade von den Knochen. Ein kluger Mann sagte einmal: ‹Tiere sind meine Freunde, und meine Freunde pflege ich nicht zu essen.› Genauso denke auch ich darüber.»

Prominente VegetarierInnen und VeganerInnen

Die nachfolgenden Listen prominenter VegetarierInnen und VeganerInnen haben wir nach gründlichen Recherchen aus Dutzenden von verschiedenen Quellen zusammengestellt (Stand März 2012). Dennoch besteht verständlicherweise keine Gewähr, daß alle hier aufgelisteten Prominenten tatsächlich (noch) Vegetarier sind.

Falls Sie sich für Stars aus dem Showbusiness oder aus der Welt des Sports interessieren, lohnt es sich auf alle Fälle, die nachstehenden Listen, die jeweils alphabetisch nach Vornamen geordnet sind, durchzuschauen. Sie werden wohl überrascht sein, wie viele bekannte Namen Sie hier entdecken werden – und vielleicht ist Ihr persönlicher Favorit ja ebenfalls dabei …

Schauspielerinnen und Models

Abbie Cornish • Aditi Gowitrikar • Adriana Karembeu • Alexandra Bastedo • Alexandra Neldel • Alexandra Paul • Ali MacGraw • Alicia Silverstone • Ally Sheedy • Alyssa Milano • Amber Benson • Amber Valetta • Amy Smart • Angela Bassett • Anna Paquin • Anne Hathaway • Anne Parillaud • Ashley Judd • Barbara Bach • Barbara Rütting • Beatrice Kessler • Bernadette Peters • Bette Midler • Bianca Sissing • Bo Derek • Brigitte Bardot • Bryce Dallas

Howard • Candice Bergen • Carole Bouquet • Carolyn Murphy • Carré Otis • Carrie-Anne Moss • Charlotte Karlinder • Charlotte Ross • Christie Brinkley • Christiane Rücker • Christina Applegate • Christine Kaufmann • Christy Turlington • Cicely Tyson • Claudia Cardinale • Cloris Leachman • Daryl Hannah • Demi Moore • Désirée Nosbusch • Diane Keaton • Doris Day • Elizabeth Berkeley • Ellen Barkin • Emily Deschanel • Emmy Rossum • Faye Wong • Gillian Anderson • Gloria Swanson • Greta Garbo • Gruschenka Stevens • Gwendolyn Rich • Gwyneth Paltrow • Hayley Mills • Heather Mills • Ilse Neubauer • Imelda Staunton • Ingrid van Bergen • Jacqueline Blume • Jamie Lee Curtis • Jennie Garth • Jennifer Connelly • Joanna Lumley • Joanne Rose • Jorja Fox • Julia Stiles • Julie Christie • Julianna Margulies • Kareena Kapoor • Kate Winslet • Katie Holmes • Katie Pfleghar • Kelly Monaco • Kerstin Linnartz • Kim Basinger • Kristen Bell • Kristen Wiig • Lauren Bush • Lea Massari • Liane Hielscher • Lil Dagover • Linda Blair • Lindsay Wagner • Lisa Bonet • Lisa Edelstein • Lisa Kudrow • Lori Petty • Lauriane Gilliéron • Maggie Q • Mariel Hemingway • Martha Plimpton • Mary Tyler Moore • Meredith Baxter • Michaela Merten • Michelle Hunziker • Michelle Pfeiffer • Mireille Darc • Monica Potter • Nadja Auermann • Naomi Watts • Nastassja Kinski • Natalie Portman • Nathalie Baye • Nicolette Sheridan • Olivia Wilde • Ornella Muti • Pamela Anderson • Penelope Cruz • Persia White • Petra Němcová • Rachael Leigh Cook • Radha Mitchell • Rhea Perlman • Rosanna Arquette • Rue McClanahan • Ruth Maria Kubitschek • Sadie Frost • Sara Gilbert • Sean Young • Shalom Harlow • Shannon Elizabeth • Sheryl Lee • Shiri Appleby • Sky Valencia • Sophie Marceau • Sophie Monk • Sophie Ward • Stella McCartney • Stefanie Powers • Stephanie Kindermann • Summer Phoenix • Susan Sideropoulos • Sydne Rome • Tatjana Patitz • Tatum O'Neal • Téa Leoni • Thora Birch • Toni Collette • Traci Bingham • Uma Thurman • Ursula Schaeppi • Valérie Kaprisky • Vanessa Williams • Virginia Madsen • Wendie Malick • Yana Gupta • Yasmin Le Bon.

Schauspieler und Regisseure

Alec Baldwin • Alfonso Losa • Amitabh Bachchan • Andrew G. Vajna • Anthony Hopkins • Anthony Perkins • Brad Pitt • Casey Affleck • Christian Bale • Christoph Maria Herbst • Cillian Murphy • Clint Eastwood • Damon Dash • Danny DeVito • Dario Argento • David Duchovny • Dennis Weaver • Dirk Bach • Dustin Hoffman • Ed Begley jr. • Edward Furlong • Eric Richard • Eric Roberts • Eric Stoltz • Forest Whitaker • Georg Thomalla • Hannes Jaenicke • Ian McKellen • James Cromwell • Jared Leto • Jean-Claude Van

Damme • Jerry Seinfeld • Jim Carrey • Joaquin Phoenix • John Cleese • John Corbett • Jonathan Taylor Thomas • Joseph Fiennes • Josh Hartnett • Kai Wiesinger • Kaya Yanar • Keanu Reeves • Keenen Ivory Wayans • Kirk Cameron • Larry Hagman • Leonard Nimoy • Madhavan Ranganathan • Marc Forster • Markus Knüfken • Martin Shaw • Marty Feldman • Michael J. Fox • Mike Farrell • Milo Ventimiglia • Noah Wyle • O.W. Fischer • Oliver Stone • Olivia Jones • Orlando Bloom • Orlando Jones • Paul Newman • Peter Bogdanovich • Peter Brook • Peter Cushing • Peter Dinklage • Peter Falk • Peter Sellers • Pierce Brosnan • Richard Gere • Richard Linklater • River Phoenix • Robert Atzorn • Robert Redford • Rupert Everett • Russell Brand • Samuel L. Jackson • Sean Astin • Shawn Wayans • Steven Seagal • Ted Danson • Terence Stamp • Tobey Maguire • Willem Dafoe • William Shatner • Will Estes • Woody Harrelson.

Musikerinnen und Sängerinnen

Adalita Srsen (Magic Dirt) • Alanis Morissette • Amy Ray (Indigo Girls) • Anastacia • Annie Lennox • Anoushka Shankar • Avril Lavigne • Barbra Streisand • Belinda Carlisle • Beverley Craven • Bif Naked • Bonnie Raitt • Brandy • Carrie Underwood • Chely Wright • Chrissie Hynde (Pretenders) • Chynna Phillips (Wilson Phillips) • Des'ree • Diane Warren • Doro Pesch • Elkie Brooks • Emmylou Harris • Erykah Badu • Eva Briegel (Juli) • Fiona Apple • Gladys Knight • Grace Slick (Jefferson Airplane) • Hayley Westenra • Heather Nova • Heather Small • India.Arie • Isa Chandra Moskowitz • Jaci Velasquez • Jaël Krebs (Lunik) • Jane Siberry • Jane Wiedlin (Go-Go's) • Jasmin Wagner (ehem. Blümchen) • Joan Armatrading • Joan Baez • Joan Jett • Joss Stone • Judith Durham (Seekers) • Jule Neigel • Juliette Schoppmann • K.D. Lang • KT Tunstall • Kate Bush • Katja Ebstein • Kellie Pickler • LaToya Jackson • Lea Lu • Lene Lovich • Leona Lewis • Lina van de Mars • Linda McCartney • Linda Perry (4 Non Blondes) • Lisa Loeb • Luci van Org (Lucilectric) • Marusha • Melanie C • Melanie Safka • Melissa Etheridge • Michelle Malone • Missy Higgins • Montserrat Caballé • Mya • Mylène Farmer • Natalie Imbruglia • Natalie Merchant • Nellie McKay • Nena • Nina Hagen • Noëmi Nadelmann • Olivia Newton-John • Omnitah • PJ Harvey • Paula Cole • Pink • Princess Superstar • Romina Power • Sade • Sandie Shaw • Sarah McLachlan • Shania Twain • Shirley Bassey • Sinead O'Connor • Siouxsie Sioux • Stefanie Hertel • Susannah Hoffs (Bangles) • Suzanne Vega • Tanita Tikaram • Tina Turner • Vanessa Amorosi • Wendy O. Williams • Whitney Houston • Yazz • Yoko Ono.

Die «schönsten VegetarierInnen der Welt»

Seit dem Jahr 2001 wählt die weltweit größte Tierschützer- und Vegetariervereinigung PETA (People for the Ethical Treatment of Animals) auf ihrer Website in den USA jährlich die «schönste Vegetarierin der Welt» und den «schönsten Vegetarier der Welt». Dies sind die bisherigen Titelträger:

2001	Shania Twain (Rockmusikerin)
2002	Natalie Portmann (Schauspielerin)
	Tobey Maguire (Schauspieler)
2003	Lauren Bush (Model)
	Josh Hartnett (Schauspieler)
2004	Alicia Silverstone (Schauspielerin)
	André 3000 (Sänger der Rapgruppe Outkast)
2005	Carrie Underwood (Popmusikerin)
	Chris Martin (Sänger der Rockband Coldplay)
2006	Kristin Bell (Schauspielerin)
	Prince (Popmusiker)
2007	Carrie Underwood (Popmusikerin; zum zweiten Mal)
	Kevin Eubanks (Jazzmusiker)
2008	Leona Lewis (Popmusikerin)
	Anthony Kiedis (Sänger der Band Red Hot Chili Peppers)
2009	Kellie Pickler (Popmusikerin)
	Milo Ventimiglia (Schauspieler)
2010	Olivia Wilde (Schauspielerin)
	Gabe Saporta (Popmusiker)
2011	Kristen Wiig (Schauspielerin und Komikerin)
	Russell Brand (Komiker, Moderator und Schauspieler)

Musiker und Sänger

Achim Reichel • Adam Ant • Adriano Celentano • Alan Wilder (Depeche Mode) • Alexander Hacke (Einstürzende Neubauten) • Alexander Kaschte (Samsas Traum) • André 3000 (Outkast) • Andre Tonelli • Andrew ‹Mushroom› Vowles (Massive Attack) • Andrew White (Kaiser Chiefs) • Andy Hurley (Fall Out Boy) • Anthony Kiedis (Red Hot Chili Peppers) • Barry White • Ben Gibbard (Death Cab for Cutie) • Bill & Tom Kaulitz (Tokio Hotel) • Billie Joe Armstrong (Green Day) • Billy Idol • Billy Martin (Good Charlotte) • Bob Dylan • Bono (U2) • Boy George • Brian Bell (Weezer) • Brian May (Queen) • Bruce Springsteen • Bryan Adams • Charlie Watts (Rolling Stones) • Chris Hannah (Propagandhi) • Chris Martin (Coldplay) • Chris Novoselic (Nirvana) • Cliff Richard • Common • Conor Oberst • Crispian Mills (Kula Shaker) • Damon Albarn (Blur/Gorillaz) • Dan Marley • Daniel Johns (Silverchair) • Dario Argento • Dave Davies (Kinks) • David Bowie • Dennis Lyxzén • Dizzy Gillespie • Don McLean • Dweezil Zappa • Earth Crisis (ganze Band) • Eddie Grant • Eddie Vedder (Pearl Jam) • Elvis Costello • Francis Lalanne • Franco Battiato • Fred Schneider (B-52's) • Gabe Saporta (Cobra Starship) • Gary Barlow (Take That) • Geezer Butler (Black Sabbath) • George Harrison (Beatles) • Gianni Morandi • Hagen Rether • Hans Söllner • Heaven Shall Burn (ganze Band) • Henry Rollins • Horace Silver • Howard Jones • Ian MacKaye • Iggy Pop • J. D. Fortune • Jason Orange (Take That) • Jeff Beck • Jermaine Jackson • Jim Kerr (Simple Minds) • Jimmy Somerville • Joe Jackson • Joel & Benji Madden (Good Charlotte) • John Feldmann (Goldfinger) • John Frusciante (Red Hot Chili Peppers) • John Lennon (Beatles) • Jonathan Richman • Johnny Marr • Jon Anderson (Yes) • Jovanotti • Julian Cope • Kenny Loggins • Kevin Eubanks • Kirk Hammett (Metallica) • Kool Savas • Kraftwerk (ganze Band) • Krist Novoselić (Nirvana) • Kyle Vincent • Larry Mullen Jr. (U2) • Lenny Kravitz • Leonard Cohen • Little Richard • Marc Lavoine • Mark Owen (Take That) • Martin Gore • Martin & Gary Kemp (Spandau Ballet) • Meatloaf • Michael Bolton • Michael Diamond (Beastie Boys) • Michael Franti • Michael Jackson • Michael Stipe (R.E.M.) • Michel Sardou • Mickey Madden (Maroon 5) • Moby • Morrissey • Murphy Lee • Mutt Lange • Nelly • Nick Rhodes (Duran Duran) • Nik Kershaw • Patrick von Castelberg • Paul McCartney (Beatles/Wings) • Peter Gabriel • Peter Hofmann • Peter Tosh • Phil Collen (Def Leppard) • Phil Lesh (Grateful Dead) • Philip Glass • Prince • Promoe • Ravi Shankar • Reinhard Mey • Richard Clayderman • Richard Thompson • Richie Havens • Rick Allen (Def Leppard) • Rick Rubin • Rick Springfield • Rikki Rockett (Poison) • Ringo Starr (Beatles) • Rise Against (ganze Band) • Rob Zombie • Robert

Smith (Cure) • Robin Gibb (Bee Gees) • Roger Cicero • Roger Glover (Deep Purple) • Roger Hodgson (Supertramp) • Russell Simmons • RZA • Sananda Maitreya (ehem. Terence Trent D'Arby) • Salvo • Seal • Serj Tankian (System of a Down) • Shane MacGowan (Pogues) • Silverstein (ganze Band) • The Smiths (ganze Band) • Stephan Weidner (Böhse Onkelz) • Stephen Marley • Steve Kilbey • Steve Morse (Deep Purple) • Steve Perry • Steve Vai • Stevie Wonder • Sting • Thom Yorke (Radiohead) • Thomas Busse • Thomas D (Die Fantastischen Vier) • Tobias Schlegl • Tom Scholz (Boston) • Vladimir Horowitz • Warren Cuccurullo • Wolfgang Niedecken (BAP) • Womack & Womack • Xavier Naidoo • Xavier Rudd • Yehudi Menuhin • Ziggy Marley.

SportlerInnen

Aad Steylen (Marathon; Olympiateilnehmer) • **Al Oerter** (Leichtathletik; viermaliger Olympiasieger) • **Albert Beckles** (Bodybuilding) • **Alexander Dargatz** (Bodybuilding; Weltmeister) • **Andreas Cahling** (Bodybuilding; Mr. International) • **Beat Gähwiler** (Zehnkampf; Olympiateilnehmer) • **Bill Pearl** (Bodybuilding; fünfmaliger Mr. Universum) • **Bill Walton** (Basketball) • **Billie Jean King** (Tennis; zwölfmalige Grand-Slam-Gewinnerin) • **Brendan Brazier** (Triathlon und Marathon; Buchautor) • **Carl Lewis** (Leichtathletik; neunmaliger Olympiasieger, achtmaliger Weltmeister; Leichtathlet des Jahrhunderts) • **Chris Evert** (Tennis; 18-malige Grand-Slam-Gewinnerin) • **Christopher Campbell** (Ringen; Weltmeister) • **Cinzia Chiarenza** (Bodybuilding; Miss Universe); • **Dave Scott** (Triathlon; sechsmaliger Weltmeister) • **Dimitri Reinderman** (Schachgroßmeister) • **Cory Everson** (Bodybuilding; sechsmalige Miss Olympia) • **Dennis Rodman** (Basketball) • **Donnie Lalonde** (Boxen; Weltmeister) • **Ed Templeton** (Skateboard-Champion) • **Éder Jofre** (Boxen; Weltmeister) • **Edwin Moses** (Leichtathletik; zweimaliger Olympiasieger, zweimaliger Weltmeister) • **Elena Walendzik** (Boxen; deutsche Meisterin) • **Emerich Rath** (Multisportler; Olympiateilnehmer) • **Hank Aaron** (Baseball) • **Ingra Manecke** (Leichtathletik; achtmalige deutsche Meisterin) • **John Salley** (Basketball) • **Johanna Jahnke** (Rugby; deutsche Nationalspielerin) • **Jonathan Speelman** (Schachgroßmeister) • **Jutta Müller** (Windsurfen; Weltmeisterin) • **Kathy Johnson** (Turnen; Olympiateilnehmerin) • **Killer Kowalski** (Wrestling; mehrfacher Champion) • **Kirsty McDermott** (Leichtathletik; Olympiateilnehmerin) • **Leroy Burrell** (Leichtathletik; Olympiasieger, zweimaliger Weltmeister) • **Li Ning** (Turnen; dreimaliger Olympiasieger) • **Mac Danzig** (Martial Arts; internationaler Champion) • **Martina Navrátilová** (Tennis; 18-malige Grand-Slam-Gewinnerin) • **Mike**

Tyson (Boxen; mehrmaliger Weltmeister; seit 2009 Vegetarier) • **Murray Rose** (Schwimmen; viermaliger Olympiasieger) • **Natascha Badmann** (Duathlon und Triathlon; achtmalige Weltmeisterin) • **Paavo Nurmi** (Leichtathletik; neunmaliger Olympiasieger) • **Patrik Baboumian** (Kraftsport; Gewinner der deutschen Strongman-Meisterschaften 2011) • **Peter Burwash** (Tennis) • **Peter Hussing** (Boxen; 16-maliger deutscher Meister; Olympiateilnehmer) • **Péter Lékó** (Schachgroßmeister) • **Ridgely Abele** (Karate; Weltmeister) • **Roy Hinnen** (Triathlon; viermaliger Schweizer Meister) • **Ruth Heidrich** (Triathlon und Marathon) • **Sally Eastall** (Marathonläuferin; Olympiateilnehmerin) • **Sanna Almstedt** (Triathlon, Ausdauersport, Yoga) • **Sean Yates** (Radsport; Olympiateilnehmer) • **Silken Laumann** (Rudern; Olympiateilnehmerin) • **Steve Bellamy** (Kampfsport) • **Surya Bonaly** (Eiskunstlauf; fünfmalige Europameisterin) • **Thomas Hellriegel** (Triathlon; Weltmeister) • **Toni Innauer** (Skispringen; Olympiasieger, Weltmeister) • **Viswanathan Anand** (Schachgroßmeister; amtierender Weltmeister seit 2007) • **Wladimir B. Kramnik** (Schachgroßmeister; Weltmeister 2000–2007) • **Yiannis Kouros** (vielfacher Weltrekordler im Ultramarathonlauf).

Weitere prominente VegetarierInnen der Gegenwart

Die folgenden zeitgenössichen Buchautoren: **Charlotte Link** • **Claus Leitzmann** • **Deepak Chopra** • **Dennis L. Meadows** • **Elke Heidenreich** • **Eugen Drewermann** • **Franz Alt** • **Helmut F. Kaplan** • **Jeffrey Masson** • **John Robbins** • **Jonathan Safran Foer** • **Karen Duve** • **Karlheinz Deschner** • **Michael Lukas Moeller** • **Michaela Haas** • **Peter Singer** • **Richard Bach** • **Richard David Precht** • **Rüdiger Dahlke** • **Rudolf Bahro** • **Till Bastian** • **Tiziano Terzani** • **Volker Elis Pilgrim.** Außerdem: **Beatrice Wood** (Schriftstellerin und Dada-Künstlerin; wurde 105 Jahre alt!) • **Werner Kollath** (Ernährungswissenschaftler und Pionier der Vollwerternährung) • **Max Otto Bruker** (Arzt und Gründer der GGB, «Gesellschaft für Gesundheitsberatung e. V.») • **Steve Jobs** (Gründer/CEO von Apple Inc. und Pixar Animation Studios) • **Michael Eisner** (langjähriger CEO der Walt Disney Company) • **Nathaniel Borenstein** (Erfinder der MIME-Sprache für E-Mails) • **Douglas R. Hofstadter** (Informatiker und Kognitionswissenschaftler) • **Edward Witten** (Mathematiker und Physiker) • **Brian Greene** (Physiker) • **Jane Goodall** (Verhaltensforscherin) • **Patrick Flanagan** (Ausnahmewissenschaftler und Erfinder) • **Kalpana Chawla** (Astronautin) • **Uri Geller** (Psychokinetiker) • **Frank Elstner** (Radiomacher und Fernsehshowmaster) • **Birgit Klaus** (Journalistin und Fernsehmoderatorin) • **Dimitri** (Clown und Pantomime) • **Coretta Scott**

King (US-Bürgerrechtlerin und Ehefrau von Martin Luther King) • **Lydia Guevara** (Enkelin von Che Guevara) • **Wolfgang Apel** (seit 1987 Mitglied der Tierschutzkommission beim deutschen Bundesministerium für Ernährung, seit 1993 Präsident des Deutschen Tierschutzbundes) • **Petra Kelly** (Gründungsmitglied der Partei «Die Grünen» in Deutschland) • **Cem Özdemir** (seit 2008 Bundesvorsitzender der Partei «Bündnis 90/Die Grünen» in Deutschland) • **Madeleine Petrovic** (ehem. Bundessprecherin der Grünen in Österreich) • **Jean Ziegler** (langjähriger Schweizer Nationalrat, heute Mitglied des Beratenden Ausschusses des UNO-Menschenrechtsrats) • **Moritz Leuenberger** (1995–2010 Schweizer Bundesrat) • **Tzipi Livni** (2006–2009 Außenministerin Israels) • **Pratibha Patil** (seit 2007 amtierende Staatspräsidentin Indiens).

Hinweis: Für aktuelle Listen prominenter VegetarierInnen siehe auch diese Websites im Internet:

http://www.vegetarismus.ch/vliste.htm
http://www.vebu.de/menschen/prominente-vegetarierinnen
http://en.wikipedia.org/wiki/List_of_vegetarians
http://www.happycow.net/famous_vegetarians.html

Kapitel 5
VEGETARISMUS IN DEN WELTRELIGIONEN

«Ich sehe keinen Grund, warum man Tiere schlachten und ihr Fleisch essen soll, da man doch so viel anderes essen kann. Der Mensch braucht kein Fleisch.»

(Dalai Lama)

Barmherzigkeit und Mitgefühl gegenüber Schwächeren sind grundlegende ethische Werte, die von sämtlichen Religionen der Welt hoch geachtet werden. Aber warum werden sie heutzutage nicht mehr auf die Tiere bezogen? Warum fordert keine der großen Religionen der Gegenwart von ihren Gläubigen, mit dem Schlachten und Essen von Tieren aufzuhören?

Wäre es nicht vernünftig anzunehmen, daß Gott, der nur das Beste für seine Schöpfung will, für den Menschen die gewaltlose und gesunde vegetarische Ernährung vorsieht? Und doch wird das religiöse Prinzip des vegetarischen Lebens von den zeitgenössischen Großkirchen meist verkannt, ja oft sogar bewußt heruntergespielt oder geleugnet.

Der französische Dichter und Literaturnobelpreisträger (1915) Romain Rolland (1866–1944) schrieb in diesem Zusammenhang einst: «Die Grausamkeit gegen die Tiere und auch schon die Teilnahmslosigkeit gegenüber ihren Leiden ist meiner Ansicht nach eine der schwersten Sünden des Menschengeschlechtes. Sie ist die Grundlage der menschlichen Verderbtheit. Wenn der Mensch so viel Leiden schafft, welches Recht hat er dann, sich zu beklagen, wenn auch er selbst leidet?»

Die modernen religiösen Institutionen verschließen jedoch ihre Augen vor dieser Sünde, ja manche behaupten sogar in ihren offiziellen Lehrmeinungen, das Schlachten und Schächten von Tieren sei dem Menschen von Gott erlaubt. Wenn wir allerdings die ursprünglichen Lehren der einzelnen Religionen untersuchen, sehen wir, daß das Schlachten von Tieren nirgendwo gutgeheißen wurde. In vielen Religionen war es sogar ausdrücklich verboten. Im folgenden werden wir die fünf großen Weltreligionen - Christentum, Judentum, Islam, Buddhismus, Hinduismus - unter diesem Aspekt genauer betrachten.

Christentum

«Reiß nicht wegen einer Speise das Werk Gottes nieder! [...] Es ist nicht gut, Fleisch zu essen oder Wein zu trinken oder sonst etwas zu tun, wenn dein Bruder daran Anstoß nimmt.»

(Apostel Paulus, Römerbrief 14,20-21)

«Was ihr einem meiner geringsten Brüder getan habt, das habt ihr mir getan.»

(Jesus Christus, Matthäus 25,40)

Aus der frühchristlichen Geschichtsschreibung geht hervor, daß die ersten Generationen von Urchristen in der direkten Nachfolge Jesu Christi meist nur fleischlose Nahrung zu sich nahmen. Einige Apostel werden sogar namentlich als Vegetarier erwähnt. Im Buch *Paedagogus* (II,1) des Clemens von Alexandrien (150–215) heißt es, daß der **Apostel Matthäus** «von Pflanzenspeisen lebte und kein Fleisch berührte». Der griechische Geschichtsschreiber Eusebios (264–339), Bischof von Caesarea, weist in seiner «Kirchengeschichte» (II,2,3) darauf hin, daß der Evangelist und **Apostel Johannes** ein überzeugter Asket und Vegetarier war. Und der **Apostel Petrus** bezeugt in den *Clementinischen Homilien* (XII,6): «Ich lebe von Brot und Oliven, denen ich nur selten ein Gemüse zufüge.»

Jakobus, der Bruder oder Halbbruder Jesu, wird von allen

Quellen ausdrücklich als lebenslanger Vegetarier bezeichnet. Eusebios zitiert in der «Kirchengeschichte» (II,23,5-6) das Zeugnis des Geschichtsschreibers Hegesippos: «Jakobus war heilig vom Mutterschoß an. Er trank weder Wein noch irgendwelche anderen starken Getränke, und er aß kein Fleisch.» Epiphanius schreibt in seiner Schrift «Gegen die Häresien» (78,14), daß Jakobus im Alter von 96 Jahren starb: «Er nahm nie Fleisch zu sich, und er trug nur ein Leinentuch als Kleidung.» Offenbar waren Vegetarier im Umfeld Jesu nichts Ungewöhnliches.

Auch jüdische Schriften enthalten Beschreibungen des Lebens Jesu, insbesondere die kurze, Jesus-kritische Schrift *Toledoth Jeshu*. Darin findet sich ein Zeugnis des Paulus, das im Neuen Testament fehlt: «Jesus befahl mir, daß ich kein Fleisch esse und keinen Wein trinke, sondern nur Brot, Wasser und Früchte [zu mir nehme], damit ich rein befunden werde, wenn er mit mir reden will.»

Weitere frühchristliche Vegetarier sind: der hl. **Clemens von Rom** (50–97) • **Papias** (65–130) • **Clemens von Alexandria** (150–215) • **Tertullian** (160–225) • **Origenes** (185–254) • der hl. **Cyprianus** (200–258) • der hl. **Antonius** (251–356) • **Eusebius von Caesarea** (264–349) • der hl. **Basilius** (330–379) • der hl. **Johannes Chrysostomos** (344–407) • der hl. **Hieronymus** (347–419) • **Benedikt** (480–547; Gründer des Benediktinerordens) • **Bonifatius** (672–754; der «Apostel der Deutschen»).

Tertullian, der älteste lateinische Kirchenschriftsteller, teilte um das Jahr 200 die Christen sogar in zwei Gruppen auf: einerseits die «wahren Christen», die vegetarisch lebten, und andererseits die Fleischesser, die er als «Leiber ohne Seelen» bezeichnete. Und vom hl. Basilius, Kirchenlehrer und Bischof von Caesarea, ist folgende Aussage überliefert: «Der Leib, der mit Fleischspeisen beschwert wird, wird von Krankheiten heimgesucht; eine mäßige Lebensweise macht ihn gesünder und stärker und schneidet dem Übel die Wurzel ab. Die Dünste der Fleischspeisen verdunkeln das Licht des Geistes. Man kann schwerlich die Tugend lieben, wenn man sich an Fleischgerichten und Festmahlen erfreut.»

Trotzdem waren nicht alle Nachfolger Jesu Vegetarier. Eine besondere Stellung nimmt in diesem Zusammenhang der Apostel Paulus ein. Er selbst hatte Jesus nie persönlich getroffen, er stand in einem Widerstreit mit den ursprünglichen Aposteln und predigte hauptsächlich auf eigene Faust. Und er aß gerne Fleisch, wie er offen zugibt: «Wenn ich in Dankbarkeit das Opferfleisch esse, soll ich dann getadelt werden, daß ich etwas esse, wofür ich Dank sage?» (1 Kor 10,30)

In den Paulusbriefen wird das Thema Fleischessen des öfteren aufgegriffen. Dies zeigt, daß es damals noch eine offene Frage war, ob man als Nachfolger Jesu Fleisch essen darf oder nicht. Paulus betonte, daß man den Vegetarismus nicht zu einem sturen religiösen Dogma machen dürfe, wie das damals einige jüdische und jüdisch-christliche Puritaner taten. Um dieser Tendenz entgegenzuwirken, ging Paulus in das andere Extrem und verkündete: «Alles, was auf dem Fleischmarkt verkauft wird, das eßt, ohne aus Gewissenhaftigkeit nachzuforschen. Denn es heißt: ‹Dem Herrn gehört die Erde und was sie erfüllt.› Wenn ein Ungläubiger euch einlädt und ihr hingehen möchtet, dann eßt, was euch vorgesetzt wird.» (1 Kor 10,25-27)

Hier haben wir es mit unterschiedlichen Standpunkten zu tun. Paulus betont die praktischen Aspekte des Missionierens und des Umgangs mit Menschen verschiedenster kultureller und religiöser Hintergründe. Die vegetarischen Jesus-Nachfolger hingegen betonen die Wichtigkeit, Gewalt zu vermeiden, und denken dabei an die Tiere und die negativen Folgen des Fleischessens. Leider wurde das Christentum dann bald eine imperiale Macht, die das Fleischessen sogar förderte.

Wie der Fleischverzehr «christlich» wurde

Bis ins 4. Jahrhundert weisen die Spuren der frühchristlichen Gemeinden aus Palästina, Byzanz, Griechenland, Karthago und Alexandria (Ägypten) deutlich darauf hin, daß alkoholische Getränke und Fleisch weitgehend abgelehnt wurden. Die damaligen Christen bezogen ihr Wissen über die Lehren Jesu aus den vorhandenen Schriften und mündlichen Überlieferungen. Die meisten dieser urchristlichen Dokumente wurden später jedoch vom «kirchlichen» Christentum, dem neuen Zweig mit Rom als Zentrum, ignoriert oder abgelehnt.

Die Jesus-Bewegung verbreitete sich in den ersten drei Jahrhunderten nach Christus trotz massiver Verfolgungen im gesamten Mittelmeerraum und bis nach Indien. Diese geistige Macht führte auch zu Mißbrauch und Infiltration – und zu einer Institutionalisierung mit zunehmend weltlichen Interessen. Zu einer folgenschweren Wende kam es, als sich der damalige römische Kaiser Konstantin (280–337) entschied, diese neue Religion nicht mehr zu bekämpfen, sondern zu instrumentalisieren, indem er sie zur Staatsreligion im römischen Imperium ausrief und sich selbst zum Christentum «bekehrte». Konstantin, der nicht auf Fleisch und Wein verzichten wollte, ließ nur noch die *römische* Form des Christentums gelten und begann, die andere, ursprüngliche (!) Form des Christentums zu bekämpfen, oftmals mit brutaler Gewaltanwendung.

Im Jahre 325 berief Konstantin das Konzil von Nicäa ein, um gewisse Glaubensfragen autoritativ zu klären. Er beauftragte auch gewisse Gelehrte (sogenannte *correctores*), die zahlreichen frühchristlichen Dokumente über das Leben und die Lehren Jesu zu «sortieren» und zu «korrigieren». Nur vier der vielen ursprünglichen Zeugnisse wurden als Evangelien anerkannt und zu einem ersten Kanon zusammengefaßt, der jedoch durchaus nicht unumstritten war. Erst ein halbes Jahrhundert später (im Jahre 382) wurde eine mehrmals überarbeitete kanonische Textauswahl von Papst Damasus als «Neues Testament» anerkannt.

Der Theologe und Urchristentumforscher G. Ousley kommentiert diese vorsätzliche Änderung bzw. Verwässerung der Lehren Jesu wie folgt: «Alles, was diese *correctores* taten, war, daß sie mit peinlicher Sorgfalt die Evangelien um ganz bestimmte Lehren unseres Herrn beschnitten, denen sie (bzw. Konstantin) nicht zu folgen gedachten. Und zwar handelt es sich hierbei um jene Verbote, die sich gegen das Fleischessen, berauschende Getränke usw. richteten.» (*Evangelium der Heiligen Zwölf*, Vorwort)

> **Die ursprünglichen Christen, die weiterhin nach Jesu Geboten der Einfachheit, Barmherzigkeit und Gewaltlosigkeit lebten – und somit auch Fleisch und Alkohol wegließen –, die sich also nicht dem aufstrebenden neuen Kirchentum unterordnen wollten, wurden verfolgt und mußten sich vor ihren römischen «Glaubensbrüdern» verstecken.**

Auf diese Weise gewann die neue Form des Christentums unter dem Patronat Kaiser Konstantins, der weder Ungehorsam noch Kritik duldete, und seiner Nachfolger die Oberhand und begann sich auszubreiten. Konstantin wurde in der Folge von der römischen Kirche wie ein Heiliger verehrt, und man verschönte seine Lebensgeschichte durch zahlreiche Legenden.

In der Nachfolge Jesu?

Aber nicht nur die Menschen hatten unter dieser willkürlichen Abänderung der Gesetze Gottes durch die kirchlichen Institutionen zu leiden, sondern auch die Tiere, die weiterhin überall ungehindert geschlachtet und gegessen werden durften.

So beschloß das Konzil von Braga im Jahre 561 unter der Leitung von Papst Johannes III.: «Wenn jemand Fleischspeisen, die Gott den Menschen zum Genuß gegeben hat, für unrein hält und [...] auf sie verzichtet [...], so sei er mit einem Bannfluch belegt.»

Und im Mittelalter verkündete Thomas von Aquin (1225–1274), dessen Ansichten im christlichen Abendland für Jahrhunderte maßgebend waren, das Töten der Tiere sei durch die Vorsehung erlaubt, denn Tiere hätten keine Seele. (Interessant ist in diesem Zusammenhang, daß er auch sagte, Frauen hätten keine Seele.) Eine Einzelmeinung aus dem dunklen Mittelalter? Nein, leider nicht. Später hieß es auch, die «Indianer» hätten keine Seele und die «Neger» hätten keine Seele, weshalb es den Christen offiziell erlaubt war, Indianer zu töten und Schwarze zu versklaven und mit ihnen genauso wie mit den Tieren Handel zu treiben, sie zu schinden und sie gegebenenfalls auch zu töten. Mit der gleichen Selbstverständlichkeit werden in christlichen Ländern bis zum heutigen Tage Tiere gequält, getötet und gegessen.

Bischof Machens von Hildesheim erklärte in seinem «Fastenbrief» vom 8. März 1949: «Tiere haben keine geistige Seele und kennen kein Fortleben nach dem Tode. Darum haben sie aber auch keinerlei Würde, auf die sie Rechte bauen könnten. Und in der Tat, Tiere haben keine Rechte. Sie haben keinen Anspruch auf Dasein und Gesundheit, auf Eigentum und guten Ruf.»

In einem Gespräch mit dem namhaften Theologen Dr. Heinrich Streithofen stellte die Zeitschrift *Deutsche Geflügelwirtschaft und Schweineproduktion* vom 26. Oktober 1985 die Frage: «Einige Tierschützer behaupten, die Tiere hätten analog unseren menschlichen Grundrechten auch ein Grundrecht auf Leben. Was halten Sie davon?» Der Theologe antwortete: «Das ist Unsinn! Das ist weder rechtlich noch theologisch, noch philosophisch haltbar. [...] Nur der Mensch ist Person. Dem Tier fehlt Personencharakter. [...] In der Hinordnung des Tieres auf den Nutzen des Menschen läßt sich nicht nur seine Verwendung, sondern auch seine Tötung rechtfertigen oder seine Zucht.»

Daß die großen christlichen Institutionen nach wie vor keine Notwendigkeit sehen, die Tiere vor dem Tod durch Schlachtung und vor dem Labortod durch Vivisektion zu retten, zeigt das folgende Zitat aus dem neuen Katechismus der römisch-katholischen Kirche (formuliert vom damaligen Kardinal Joseph Ratzinger, dem heutigen Papst Benedikt XVI.): «Somit darf man sich der Tiere zur Ernährung und zur Herstellung von Kleidern bedienen. Man darf sie zähmen, um sie dem Menschen bei der Arbeit und in der Freizeit dienstbar zu machen. Medizinische und wissenschaftliche Tierversuche sind in vernünftigen Grenzen sittlich zulässig, weil sie dazu beitragen, menschliches Leben zu heilen und zu retten. [...] Auch ist es unwürdig, für sie [die Tiere] Geld auszugeben, das in erster Linie menschliche Not lindern sollte. Man darf Tiere gern haben, soll ihnen aber nicht die Liebe zuwenden, die einzig Menschen gebührt.» (Seite 609, Abschnitte 2417 und 2418)

Es ist also nicht verwunderlich, daß es schon immer Stimmen gab, die von einem «Verrat der Christen an den Tieren» sprechen. «Was erwarten wir von einer Religion, wenn wir das Mitleid mit den Tieren ausschließen?», fragte bereits Richard Wagner, der bekannte Komponist – und Vegetarier.

Und der deutsche Chemiker Günther Weitzel (1915–1984) schreibt: «Das christliche Gewissen kann sich mit der Nichtanwendung des fünften Gebotes auf die Schlachttiere nicht zufriedengeben. Wer einmal ein Schlachthaus besichtigt hat, pflegt von dem Gesehenen mehr oder weniger schockiert und angewidert zu sein. Fast jeder kommt zu der Ansicht, daß das brutale Erschlagen von Tieren, die man zuerst herangezogen und gemästet hat, um sie schließlich aufzufressen, der heutigen Menschheit und speziell des Christentums unwürdig ist.»

Fleischessen und die Bibel

Was aber sagt die Bibel zum Thema Fleischessen? Die verschiedenen Ausgaben der Kirchenbibel stützen sich auf den

Codex Sinaiticus, den ältesten Bibeltext, der heute noch vorhanden ist. Dieser Text ist in griechischer Sprache abgefaßt und stammt aus dem vierten Jahrhundert nach Christus, das heißt also aus der Zeit *nach* Kaiser Konstantins Konzil von Nicäa! Frühere Bibeloriginale sind heute offiziell nicht mehr verfügbar. Andere anerkannte Bibeltexte, wie der *Codex Vaticanus* und der *Codex Alexandrinus,* wurden noch später verfaßt und sind, wie auch schon der *Codex Sinaiticus,* nur kirchliche Übersetzungen und Abschriften von Abschriften.

So läßt es sich erklären, warum uns heute nur noch Bruchstücke der ursprünglichen Lehren Jesu Christi zur Verfügung stehen, gerade auch in bezug auf die menschliche Ernährung. Da uns in dieser Frage die schlüssigen Aussagen Jesu nicht mehr bekannt sind, erübrigen sich Diskussionen über die Ernährungsweise Jesu, wenn man sich ausschließlich auf das heutige Neue Testament stützen will.

Auch das *Alte Testament* macht, oberflächlich betrachtet, keine klaren Aussagen, sondern enthält sich widersprechende Anweisungen. Gewisse Textstellen gebieten dem Menschen eine vegetarische Ernährung, wohingegen andere das Fleischessen und Tieropfer erlauben. Bei einer genaueren Untersuchung jedoch muß man erkennen, daß der fleischlosen Ernährung eindeutig der Vorzug gegeben wird.

Im 1. Buch Mose findet man eine gewisse Erlaubnis zum Fleischessen («Alles Lebendige, das sich regt, soll euch zur Nahrung dienen», Gen 9,3), aber diese bezog sich auf die Zeit *nach der Sintflut,* als sämtliches Ackerland fortgespült war. Anstatt sich willkürlich auf diesen Notbehelf zu berufen (man müßte dann konsequenterweise auch die in Gen 9,6 geforderte Todesstrafe annehmen!), täte man besser daran, sich an die *ursprüngliche Anweisung Gottes* zu halten, die man auf der ersten Seite der Bibel finden kann: «Gott sprach: Hiermit übergebe ich euch alle Pflanzen auf der ganzen Erde, die Samen tragen, und alle Bäume mit samenhaltigen Früchten. Euch sollen sie zur Nahrung dienen.» (Gen 1,29)

Im übernächsten Vers bestätigt Gott, daß diese Art der Ernährung «sehr gut» sei, wohingegen die andere, die er später erwähnt (diejenige mit Fleisch), nur erlaubt sei aufgrund der momentanen Notlage nach der Sintflut – eine Ernährungsweise, die «Furcht und Schrecken [...] auf alle Tiere der Erde, auf alle Vögel des Himmels, auf alles, was sich auf der Erde regt, und auf alle Fische des Meeres» legen werde (Gen 9,2).

Das vielzitierte Beispiel mit den Wachteln im 4. Buch Mose macht diesen Punkt noch klarer. Nachdem das Volk Israel auf seiner Wüstenwanderung des Manna, des Himmelsbrotes, überdrüssig geworden war und nach Fleisch verlangte, geschah es, daß Gott Wachteln vom Himmel regnen ließ, worauf das Volk diese gierig einsammelte und in einem großen Festmahl verzehren wollte (beschrieben in Num 11,31-32).

Um jedoch der ganzen Geschichte gerecht zu werden, muß man den darauffolgenden Vers ebenfalls berücksichtigen: «Sie hatten aber das Fleisch noch zwischen den Zähnen, es war noch nicht gegessen, da entbrannte der Zorn des Herrn über das Volk, und der Herr schlug das Volk mit einer bösen Plage» (Num 11,33). Mit anderen Worten: Gott gefiel es nicht, daß die Menschen das Fleisch der Wachteln aßen!

Der hl. Hieronymus (347–419), Kirchenvater von Bethlehem, schrieb: «Der Gebrauch des Weines hat mit dem Fleischessen angefangen nach der Sintflut. Der Verzehr von Tierfleisch war bis zur Sintflut unbekannt, aber seit der Sintflut hat man uns die Fasern und die übelriechenden Säfte des Tierfleisches in den Mund gestopft. [...] Jesus Christus, welcher erschien, als die Zeit erfüllt war, hat das Ende wieder mit dem Anfang (Gen 1,29) verknüpft, so daß es uns jetzt nicht mehr erlaubt ist, Tierfleisch zu essen.»

Trotz all dieser Hinweise sagen viele Christen, die Bibel erlaube, ja fordere sogar das Essen von Fleisch. Dabei berufen sie sich oft auf eine Stelle aus der Apostelgeschichte (Apg 10,9-16):

«Petrus stieg gegen Mittag auf das Dach, um zu beten. Da wurde er hungrig und wollte essen. Während man etwas zubereitete, kam eine Vision über ihn. Er sah den Himmel offen und eine Schale auf die Erde herabkommen, die aussah wie ein großes Leinentuch, das an den vier Ecken gehalten wurde. Darin lagen alle möglichen Vierfüßler, Kriechtiere der Erde und Vögel des Himmels. Und eine Stimme rief ihm zu: ‹Steh auf, Petrus, schlachte und iß!› Petrus aber antwortete: ‹Niemals, Herr! Noch nie habe ich etwas Unheiliges und Unreines gegessen.› Da richtete sich die Stimme ein zweites Mal an ihn: ‹Was Gott für rein erklärt, nenne du nicht unrein!› Das geschah dreimal, dann wurde die Schale plötzlich in den Himmel hinaufgezogen.»

Ist diese Bibelstelle wirklich eine Aufforderung zum Fleischessen? Nur wenn man sie aus dem Zusammenhang reißt, könnte man zu einer solchen Fehlinterpretation kommen. Die Reaktion des Petrus zeigt, daß Fleisch für ihn etwas Unheiliges und Unreines war, und die alten Quellen bestätigen, daß er kein Fleisch gegessen hat. Petrus hat dann auch keines der Tiere geschlachtet und gegessen, zumal es sich nur um eine Vision handelte. Nur ein paar Abschnitte später erklärt Petrus selbst, was die Bedeutung dieser Vision war. Zu der Zeit waren nämlich Boten eines frommen Römers aus Caesarea unterwegs, um ihn, Petrus, in das Haus dieses Römers einzuladen. Aufgrund der Vision nahm Petrus die Einladung an und erklärte seinem Gastgeber:

«Ihr wißt, daß es einem Juden nicht erlaubt ist, mit einem Nichtjuden zu verkehren oder sein Haus zu betreten; mir aber hat Gott gezeigt, daß man keinen Menschen unheilig oder unrein nennen darf. Darum bin ich auch ohne Widerspruch gekommen, als nach mir geschickt wurde.» (Apg 10,28-29)

Offensichtlich ging es in dieser Vision nicht um eine Aufforderung zum Fleischessen, sondern um eine symbolische Darstellung, die zeigen sollte, daß der Mensch nicht das Recht hat, aufgrund religiös-sozialer Dogmen andere Menschen als unrein oder unwürdig zu bezeichnen. Wenn es hier um das Essen von Fleisch ging, dann höchstens als Zeichen einer prinzipiellen Ausnahme, damit man nicht bloß aus einem religiösen Dogmatismus heraus kein Fleisch ißt. Zu behaupten, diese Bibelstelle erlaube den Christen explizit das Fleischessen, ist also eine krasse Fehlinterpretation, wenn nicht sogar Heuchelei.

Andere Bibelstellen machen hingegen deutlich, daß die fleischlose Ernährung nicht nur ethischer und gottgefälliger, sondern auch gesünder ist als das Fleischessen und daß sie darüber hinaus den Menschen sogar für göttliche Weisheit und Visionen öffnen kann:

«Da wandte sich Daniel an den Aufseher, den der Palastvorsteher für ihn und seine drei Freunde [Mitgefangenen] eingesetzt hatte. ‹Mach doch einmal zehn Tage lang einen Versuch mit uns›, bat er ihn. ‹Laß uns nur Gemüse essen und Wasser trinken. Danach vergleiche unser Aussehen mit dem der jungen Leute, die ihr Essen von der Tafel des Königs bekommen, und entscheide dann, was weiter geschehen soll.› Der Aufseher ging auf ihre Bitte ein. Nach zehn Tagen zeigte sich, daß Daniel und seine Freunde sogar besser und kräftiger aussahen als die jungen Leute, die ihr Essen von der königlichen Tafel erhielten. Da ließ der Aufseher ihnen weiterhin fleischlose Kost geben, und auch den Wein von der königlichen Tafel erließ er ihnen. Und Gott verlieh diesen vier jungen Männern Wissen und Verständnis in jeder Art Schrifttum und Weisheit; Daniel besaß darüber hinaus die Fähigkeit, Träume und Visionen aller Art zu verstehen und zu deuten.» (Dan 1,11-17)

Johannes der Täufer

Gottesbewußte Menschen aller Zeiten lehnten es also aus guten Gründen ab, das Fleisch getöteter Tiere zu essen. Man erweist sich selbst und diesen Persönlichkeiten einen schlechten Dienst, wenn man versucht, ihnen zu unterstellen, auch sie hätten Fleisch gegessen. Doch leider geschah dies immer wieder, nicht zuletzt auch mit dem wichtigsten Vorboten

Jesu, Johannes dem Täufer: «Johannes trug ein Gewand aus Kamelhaaren und einen ledernen Gürtel um seine Hüften; Heuschrecken und wilder Honig waren seine Nahrung», ist in Mt 3,4 zu lesen.

Hier sehen wir ein klassisches Beispiel für eine manipulierte Übersetzung. Wer kann glauben, daß der erhabene Johannes der Täufer, von dem sich sogar Jesus taufen ließ, Heuschrecken aß? Mit den vermeintlichen «Heuschrecken» (lat. *locusta*) sind die Früchte des Lokustbaumes (sogenannter «Heuschreckenbaum» oder Courbaril) gemeint. In Palästina gehören die Früchte des Lokustbaumes, die Karoben, zu den wichtigsten Nahrungsmitteln, und gerade *weil* sich auch Johannes der Täufer davon ernährte, nennt man diese süßen, bohnenartigen Hülsenfrüchte bis zum heutigen Tag «Johannisbrot»! Und überall, wo diese blütentragenden Bäume wachsen, gibt es auch wilden Honig. Johannisbrot und Honig passen kulinarisch auch um einiges besser zusammen als Heuschrecken und Honig. Das hätte eigentlich auch den Bibelübersetzern schon längst auffallen dürfen.

Bemerkenswert ist in diesem Zusammenhang, daß auch in der frühen rabbinischen Literatur Heilige erwähnt werden, die sich von nichts weiter als Johannisbrot ernährten, so zum Beispiel Rabbi Hanina im talmudischen Traktat Berakhot.

Hoffnungsschimmer

Glücklicherweise gibt es heutzutage eine zunehmende Anzahl gläubiger Christen, die das biblische Gebot «Liebe deinen Nächsten wie dich selbst!» nicht nur auf den Menschen beschränken und demzufolge – auf der Grundlage der christlichen Lehren – einer vegetarischen Ernährungsweise den Vorzug geben. Stellvertretend für sie alle seien hier zwei Beispiele angeführt, die uns hoffen lassen.

Prof. Erich Gräßer, Ordinarius für Neues Testament an der Universität Bonn, erklärte in einer Ansprache zum Thema

«Kirche und Tierschutz»: «Wenn einst die Geschichte unserer Kirche geschrieben wird, dann wird das Thema ‹Kirche und Tierschutz› im 20. Jahrhundert darin ein ebenso schwarzes Kapitel darstellen wie einst das Thema ‹Kirche und Hexenverbrennung› im Mittelalter. […] Was wir heute erleben, ist ein mit dem Rechenstift ausgeklügeltes, schreckliches Höllenspiel, in dem wir unsere Nutztiere in der Massentierhaltung zu Tiermaschinen herabstufen. Die Übermenge an Eiern, Fleisch und Butter, die die westlichen Wohlstandsgesellschaften auf diese Weise produzieren, ist mit menschenunwürdiger Tierquälerei bezahlt. Gegenüber dieser überall straflos praktizierten Ungeheuerlichkeit liest sich Albert Schweitzers Ethik der ‹Ehrfurcht vor dem Leben› wie eine Botschaft von einem anderen Stern. Und eine Kirche, die zu dem allem schweigt, erklärt damit den Bankrott ihrer Barmherzigkeitspredigt. / Dabei ist die Ethik der Ehrfurcht vor dem Leben biblisch. Die Bibel des Alten und Neuen Testaments ist voller Zeugnisse von Gottes Fürsorge für alle Geschöpfe. Weil das Gutsein zu den Tieren eine Selbstverständlichkeit ist, hat man das Zentrum des christlichen Glaubens, die Dahingabe des Lebens Jesu für die Sünden der Menschen, mit dem Bilde vom guten Hirten umschrieben: ‹Ich bin der gute Hirte, der gute Hirte läßt sein Leben für die Schafe.›»

Und Eugen Drewermann, der wohl bekannteste Theologe/Psychotherapeut der Gegenwart, erläuterte in einem Vortrag zur Friedenskultur in den Religionen (18. August 1991) die berühmte Zeile des «Vater Unser»-Gebetes, *Unser tägliches Brot gib uns heute,* wie folgt:

> **«Gedenke auch unserer älteren Schwestern und Brüder, der Tiere. […] Verbiete dem Menschen, Tiere zu töten, um sie zu essen. Denn auch sie sind fühlende Wesen, auch in ihnen wohnt die Sehnsucht nach Leben; unsere Weggefährten sind sie auf dem gemeinsamen Weg zur Unsterblichkeit.**

Solange noch Menschen Tiere töten, werden sie auch Kriege führen. Solange Menschen Tiere essen, werden sie ihre unschuldigen Opfer zu Tode quälen: zu Hunderttausenden in den Labors und Massenzuchtanstalten, zu Millionen in den Schlachthöfen der Städte, zu Myriaden in den Weltmeeren. Ihr Blutstrom darf nicht länger mehr als Nahrung dienen, ihr Leib nicht länger mehr als Rohstoff, ihr Leben nicht länger mehr als Lebensmittel für uns Menschen.

Verbiete uns, Herr, das tägliche Fleisch. Das tägliche Brot gib uns heute. Amen.»

Judentum

«Du, der du Erbarmen mit einem Lamm hast,
sollst der Hirte meines Volkes Israel werden.»
(Midrasch Rabbah, Exodus II,2)

Nicht nur viele urchristliche Kirchenväter der ersten Jahrhunderte nach Jesus lebten vegetarisch, sondern auch verschiedene jüdische Mönchsorden vor und während Jesu Lebzeiten, wie beispielsweise die Essener und die Nazaräer.

Vertreter dieser Orden und auch einzelne jüdische Propheten übten bereits in den Jahrhunderten vor Christus heftige Kritik am institutionalisierten Brauchtum der Tieropfer, das eng mit dem priesterlich sanktionierten Fleischkonsum zusammenhing. So erging zum Beispiel durch den Propheten Jesaja folgendes Gotteswort an die tieropfernden Priester: «Was soll ich mit euren vielen Schlachtopfern? Die Widder, die ihr als Opfer verbrennt, und das Fett eurer Rinder habe ich satt; das Blut der Stiere, der Lämmer und Böcke ist mir zuwider. [...] Wenn ihr eure Hände ausbreitet, verhülle ich meine

Augen vor euch. Wenn ihr auch noch so viel betet, ich höre es nicht. Eure Hände sind voller Blut. Wascht euch, reinigt euch! Laßt ab von eurem üblen Treiben! Hört auf, vor meinen Augen Böses zu tun!» (Jes 1,11 und 1,15-16)

Das Opfern und Schlachten von Tieren gilt laut diesem Prophetenwort als «übles Treiben» und «böses Tun»! Warum? Weil dies dem ursprünglichen Gesetz Gottes widerspricht, wie es gleich zu Beginn der Genesis vom Schöpfergott selbst ausgesprochen wird (siehe die bereits zitierte Stelle Gen 1,29).

Die Genesis als das 1. Buch Mose ist nicht nur das erste Buch der Bibel, sondern auch das erste Buch der jüdischen Torah. Und in diesem Buch wird gesagt, daß die ersten zehn biblischen Generationen (von Adam bis Noah) in der Befolgung des ursprünglichen göttlichen Gesetzes vegetarisch lebten. Aufgrund des Sündenfalls im Paradies kam es unter den Menschen jedoch zu Mord und Eifersucht (Kain und Abel), was letztlich zur Sintflut als «Strafe Gottes» führte. Erst nach dieser globalen Katastrophe begannen die Menschen aufgrund ihrer Überlebensnot Fleisch zu essen, und auch in dieser Situation erlaubte ihnen Gott das Fleischessen nur mit großen Einschränkungen. Daß alle Menschen vor der Sintflut und auch während der Sintflut (auf der «Arche Noah») fleischlos lebten, wird in Gen 9,3 deutlich hervorgehoben: «Ihr dürft von jetzt ab Fleisch essen, nicht nur Korn, Obst und Gemüse.» Im gleichen Atemzug sagt Gott aber auch, daß «alle Tiere, die Landtiere, die Wassertiere und die Vögel» von nun an «vor euch in Furcht leben müssen» (Gen 9,2), und er fügt umgehend ein vielsagendes Verbot an: «Fleisch jedoch, in dem noch Blut ist, sollt ihr nicht essen, denn im Blut ist das Leben» (Gen 9,4). Gleich danach (Gen 9,6) erläßt der alttestamentarische Gott für die fleischessende Menschheit harte Gesetze: «Ich fordere Leben für Leben, von Tier und Mensch. Wer einen Menschen tötet, der muß von Menschenhand sterben, denn der Mensch ist nach dem Bild Gottes geschaffen.» Und ursprünglich lebte der nach dem Bild Gottes geschaffene Mensch vegetarisch!

Wie oben beschrieben, war es den Menschen sogar in der extremen Notsituation nach der Sintflut nicht erlaubt, schrankenlos Fleisch zu essen. Gottes Erlaubnis war mit erheblichen Auflagen und Einschränkungen verbunden. So wird beispielsweise strikt verboten, «Fleisch mit Blut» zu essen (Gen 9,4; Lev 17,14, u.a.). Statt jedoch einfach das Fleisch gänzlich wegzulassen – vor allem, nachdem die Notsituation vorüber war –, führten jüdische Glaubenslehrer, gestützt auf die Annahme, Fleisch ohne Blut essen zu dürfen, komplizierte Speisegesetze *(Kaschrut)* sowie Reinheitsregeln und Tötungsrituale *(Schechitah)* ein, um «koscheres» Fleisch zu bekommen.

Diese tradierten Vorschriften und Rituale werden bis zum heutigen Tage kaum hinterfragt oder auf ihre Sinnhaftigkeit hin untersucht. So werden noch heute die Tiere geschächtet, das heißt, man zieht sie an ihren gefesselten Hinterbeinen in die Höhe, schneidet ihnen bei lebendigem Leib die Kehle auf und läßt sie langsam verbluten – eine äußerst brutale Tötungsmethode, die das Fleisch ohnehin niemals 100% blutlos machen kann: Das flüssige Blut wird durch diese aufwendige Methode zwar aus den Arterien beseitigt, es verbleibt aber in den Kapillaren, den kleinsten Blutgefäßen, in verfestigter Form. Es gibt also kein blutloses Fleisch! Diese Regeln müßten eigentlich zeigen, daß es besser wäre, das Fleisch ganz wegzulassen.

Der namhafte jüdische Gelehrte Richard Schwartz argumentiert: «Kann eine Religion, die bestimmt, daß Ochse und Esel nicht zusammen eingesperrt werden dürfen (Dtn 22,10), daß einem Ochsen beim Getreidedreschen kein Maulkorb angelegt werden darf (Dtn 25,4) und daß Tiere auf offenen Feldern frei grasen sollen, um sich an der Schönheit der Schöpfung am Sabbath zu erfreuen (Rashis Kommentar zu Ex 23,12) – kann eine solche Religion die weitverbreiteten Verstöße gegen *tsar-ar ba-ale chayim,* das Gebot, keiner lebenden Kreatur Schmerzen zuzufügen, ignorieren?» (in: *Judaism and Vegetarianism*)

Schlußfolgernd zum Thema Vegetarismus, Judentum und jüdische Speisegebote können wir festhalten:

> **Nur Vegetarier nehmen kein Blut zu sich, und so ist jede vegetarische Speise naturgegeben koscher. Die konsequente Anwendung der jüdischen Speisegesetze müßte also in den Vegetarismus münden, denn es ist offensichtlich, daß man die Tiere am effektivsten vor Schmerzen bewahrt, wenn man sie leben läßt.**

Islam

«Wer gegenüber einem Tier Mitleid fühlt,
dem wird auch Allah Mitgefühl schenken.»
(Prophet Mohammed)

Nach der Tradition des Islam soll in Mekka, dem heiligen Geburtsort des Propheten Mohammed (570–632), kein Geschöpf Gottes geschlachtet werden, und es soll dort unter allen Lebewesen jederzeit vollendete Harmonie herrschen.

Die islamische Tradition kennt viele und umfangreiche Äußerungen über die enge Verbundenheit von Mensch und Tier. Wir finden in den Lehren des Koran zahlreiche Textstellen, die von universaler Barmherzigkeit sprechen und die Gerechtigkeit für alle lebenden Wesen fordern. So heißt es in der Sechsten Sure: «Es gibt keine Tiere auf der Erde und keine Vögel, die mit ihren Flügeln fliegen, die nicht Geschöpfe (oder: lebende Gemeinschaften) sind gleich euch.» (6,38)

Obwohl der Islam nicht eine Religion ist, die offiziell den Vegetarismus lehrt, hielt Mohammed stets das ethische Ideal der Tierliebe hoch, wie aus den überlieferten autoritativen Lebensbeschreibungen *(Hadith)* deutlich hervorgeht. So unterwies er beispielsweise seinen Sohn Ali einst wie folgt:

«O Ali, enthalte dich für vierzig aufeinanderfolgende Tage des Fleischessens. Denn wenn du vierzig Tage hintereinander Fleisch ißt, wird dein Herz so hart wie Stein werden, und du wirst kein Mitgefühl mehr haben. Deshalb laß davon ab, Fleisch zu essen.» Auch seinen Schwiegersohn unterwies Mohammed bei verschiedenen Gelegenheiten in diesem Sinne. Allerdings konnte er diese wertvolle Belehrung nicht zur allgemeinen Regel erheben, denn für die meisten wären solche Ernährungsgebote zu anspruchsvoll gewesen.

Mohammed selbst ernährte sich hauptsächlich von verdünnter Milch, Joghurt, Honig, Nüssen, Feigen, Datteln und anderen Früchten. Aus der Einsicht heraus, daß er das Tieretöten zum Zweck des Fleischessens nicht vollständig würde verbieten können, auferlegte er den Menschen absichtlich zahlreiche Einschränkungen beim Opferritual *(Qurban)*, etwa in bezug auf die Anzahl der zu schlachtenden Tiere oder auf den Vorgang des Schlachtens. So müsse der Schlächter dem Tier während des Tötens in die Augen sehen, und wenn er die Tränen in den Augen des Tieres sehe, solle er ebenfalls weinen. Auf diese indirekte Weise versuchte Mohammed, die Menschen über den Sinn des gewaltfreien Lebens zu belehren. Denn solche Regeln können dazu führen, daß sie zu einer höheren Einsicht kommen und in der Folge gänzlich darauf verzichten, Tiere zu töten.

Gemäß der Hadith-Überlieferung begab es sich einst, daß Mohammed seine Schüler tadelte, weil sie kein universelles Mitgefühl zeigten. «Aber wir üben doch Mitgefühl», erwiderten diese, «gegenüber unseren Frauen, Kindern und anderen Verwandten.» Der Prophet aber antwortete: «Davon habe ich nicht gesprochen. Ich spreche von allumfassendem Mitgefühl.»

Auf der Grundlage dieses deutlichen Bekenntnisses zu Mitgefühl und Gewaltlosigkeit gegenüber allen Geschöpfen Gottes haben auch im islamischen Kulturkreis – ähnlich wie im Christentum und im Judentum – immer wieder einzelne

Gläubige eine Ernährung ohne Fleisch gewählt. Vor allem im Sufismus, einem bekannten asketisch-mystischen Zweig des Islam, gilt die Abstinenz von Fleisch und von Alkohol als hohes religiöses Ideal und als Voraussetzung zur Verinnerlichung des Geistes und zur ekstatischen Gottesschau.

Buddhismus

«Der Fleischverzehr tötet den Keim
des großen Mitgefühls mit allen Lebewesen.»
(Mahaparinirvana-Sutra)

In seinen Lehren führte Buddha, «der Erleuchtete» (um 560–480 v. Chr.), das Prinzip des *Ahimsa* (Gewaltverzicht) und damit den konsequenten Vegetarismus als einen der fundamentalen Schritte auf dem Weg zur Selbsterkenntnis ein. In der Tat bestand eines seiner hauptsächlichen Anliegen darin, dem Laster der Tieropfer und des Fleischessens Einhalt zu gebieten. Noch heute ist die buddhistische Lehre für ihre Friedfertigkeit und Nächstenliebe berühmt – wenngleich längst nicht mehr alle Buddhisten Vegetarier sind.

In einem uralten Gedicht, laut Tradition dem einzigen Text, der je von Buddha selbst verfaßt wurde, heißt es: «Meine Liebe gehört den Kreaturen, die keine Füße haben; auch denen mit zwei Füßen, und ebenso denen, die viele Füße haben. Möge alles Geschaffene und Lebendige, mögen alle Wesen, welcher Art auch immer sie seien, nichts erfahren, wodurch ihnen Unheil droht. Möge ihnen niemals Böses widerfahren.»

Weitere Buddha-Worte bestätigen diese Lehre des unbedingten Gewaltverzichts, vor allem in bezug auf die Ernährung: «Aus Liebe zur Reinheit sollte der erleuchtete Buddha-Anhänger dem Verzehr von Fleisch entsagen, da Fleisch letztlich nichts anderes ist als die Umwandlung von Blut und Samen. Auch aus Furcht, anderen Lebewesen Todesangst einzuflößen, sollte der erleuchtete Buddha-Anhänger, der durch Selbstdisziplin die Stufe des Mitgefühls zu erreichen sucht, den Fleischverzehr ablehnen.» *(Lankavatara-Sutra)*

«Der Grund für das Ausüben von Meditation und für das Streben nach Erleuchtung ist der Wunsch, den Leiden des Lebens zu entrinnen. Warum also sollten wir anderen Wesen Leid antun, während wir selbst versuchen, ihm zu entkommen? Solange ihr nicht imstande seid, euren Verstand soweit zu beherrschen, daß allein schon der Gedanke an Grausamkeit und Töten euch ein Greuel ist, wird es euch nicht gelingen, den Fesseln des weltlichen Lebens zu entrinnen.» *(Surangama-Sutra)*

Heutzutage meinen manche Buddhisten, daß Fleisch dann verzehrt werden könne, wenn das Tier nicht speziell für ihren eigenen Genuß geschlachtet wurde. Einige Mönche behaupten sogar, daß sie Fleisch essen dürften, das ihnen als Almosen gespendet wurde, da sie auf diese Weise ja nicht selbst am Töten beteiligt seien. Solche Argumente werden von den Schriften allerdings klar zurückgewiesen. So warnt Buddha zum Beispiel im *Surangama-Sutra:* «Nach meinem Verscheiden werden überall verschiedenartige Geistwesen auftreten, die die Menschen in die Irre führen, indem sie lehren, daß man Fleisch essen dürfe und dennoch zur Erleuchtung gelangen könne. [...] Wie aber kann ein Mönch, der andere zur Befreiung zu führen gedenkt, sich am Fleische lebendiger Geschöpfe laben?»

Im *Lankavatara-Sutra* erklärt er noch deutlicher: «Es stimmt nicht, daß das Fleischessen dann erlaubt ist, wenn das Tier nicht vom Fleischesser selbst getötet wurde, wenn dieser nicht den Auftrag dafür gab oder wenn das Fleisch nicht direkt für ihn bestimmt war. Es mag in Zukunft Menschen geben, die unter dem Einfluß ihres Verlangens nach Fleisch eine Vielzahl ausgeklügelter Argumente hervorbringen werden, um ihren Fleischverzehr zu rechtfertigen. [...] Dennoch ist Fleischessen in jeder Form, unter allen Umständen und überall verboten –

ohne Ausnahmen und ein für allemal. [...] Das Verzehren von Fleisch habe ich niemandem erlaubt, erlaube ich niemandem und werde es auch fortan niemandem erlauben.»

Hinduismus

«Es ist bereits im Namen der Kuh enthalten,
daß sie nicht geschlachtet werden darf, denn einer
ihrer Namen ist ‹aghnya› (die nicht zu Tötende).
Wer könnte sich also erdreisten, sie zu töten?
Wer eine Kuh oder einen Stier tötet, begeht ohne
Zweifel ein äußerst abscheuliches Verbrechen.»

(*Mahabharata, Shantiparva* 262,47)

Hinduismus ist der moderne Sammelbegriff für die zahlreichen aus Indien stammenden Philosophien und Glaubensströmungen. Die Tradition, die später zur Entstehung der ältesten Veda-Schriften führte, geht weit über 5000 Jahre zurück. Von allen großen Weltreligionen ist der Hinduismus somit nicht nur die älteste Tradition, sondern auch diejenige, in der die meisten Vegetarier zu finden sind.

Schon seit Jahrtausenden sind die ethischen Ideale des *Ahimsa* (Gewaltverzicht) und des Respekts vor allen Geschöpfen Gottes Grundlage der indischen Kultur. Erst durch den Einfluß des Islam (ab dem 12. Jhd.) und des Christentums (etwa ab 1600) begann auch dort eine zunehmende Zahl von Menschen, Tiere zu töten und Fleisch zu essen. Doch obwohl heutzutage auch in Indien Schlachthöfe betrieben werden, weist die Bevölkerung Indiens noch immer den weltweit höchsten Vegetarieranteil auf.

Die verschiedenen ursprünglichen Gesetzessammlungen der vedischen Kultur, wie beispielsweise die *Manu-smriti,* enthalten klare Anweisungen bezüglich des Fleischessens: «Fleisch kann man sich nicht verschaffen, ohne anderen Lebewesen

Gewalt anzutun. Deshalb sollte man den Verzehr von Fleisch vermeiden.» An einer anderen Stelle heißt es: «Bedenkt man die abscheuliche Herkunft von Fleisch und die Grausamkeit, die die Gefangenschaft und das Schlachten verkörperter Wesen mit sich bringt, dann sollte man sich des Fleischessens völlig enthalten.» (5,49) Und: «Indem man keine lebenden Wesen tötet, wird man der Erlösung würdig.» (6,60)

Das *Mahabharata* (*Anuparva* 115,40) bezieht eine klare Position, wer alles als Fleischesser zu betrachten ist, und nennt eine ganze Kette von Tätern: «Derjenige, der Fleisch bestellt, es liefert, das Tier tötet und zerlegt, das Fleisch verkauft, kauft, zubereitet oder ißt – sie alle sind als Fleischesser zu betrachten und machen sich des Tötens schuldig.»

Ebenso deutlich äußern sich auch andere Veda-Schriften, wie etwa die berühmte *Bhagavad-Gita:* «Nahrung, die ohne Geschmack, faul und gegoren ist, und Nahrung, die aus Speiseresten und verunreinigten Dingen [wie Fleisch] besteht, wird von Menschen geschätzt, die sich in Unwissenheit befinden.» (BG 17,10)

Im folgenden Kapitel werden wir nochmals auf diese vedischen Urtexte zurückkommen, denn ihre Aussagen sind insbesondere in bezug auf die karmischen Konsequenzen des Fleischkonsums höchst wertvoll und aufschlußreich.

Kapitel 6
FLEISCHESSEN UND KARMA

«Alles, was der Mensch den Tieren antut,
kommt auf den Menschen wieder zurück.»
(Pythagoras)

«Solange es Schlachthäuser gibt,
wird es auch Schlachtfelder geben.»
(Leo Tolstoi)

Wenn so viele ethische Gründe dem Menschen nahelegen, keine Tiere zu töten und kein Fleisch zu essen, dann stellt sich eine nächste Frage: Was geschieht, wenn die Menschen es trotzdem tun, und dann noch in den Ausmaßen, wie dies heute der Fall ist? Die konkreten Folgen haben wir bereits dargelegt. Aber haben die massenhaften Tiermorde noch andere Folgen, die über die direkt sichtbaren Gesundheitsschädigungen und Umweltzerstörungen hinausgehen?

Während sich die meisten institutionalisierten Religionen heutzutage nicht im klaren darüber sind, ob Tiere auch ein Recht auf Leben haben oder ob sie vom Menschen folgenlos getötet werden können, finden sich – wie in Kapitel 4 und 5 gezeigt – in allen Kulturkreisen gottesbewußte Menschen, die unabhängig voneinander zu den gleichen Schlußfolgerungen gekommen sind. Der entscheidende Faktor in diesem Zusammenhang ist das, was in der indischen Lehre das *Gesetz des Karma* genannt wird.

Individuelles Karma

Das Sanskritwort *Karma* bedeutet wörtlich «Tat, Handlung» (Aktion): das, was eine Wirkung oder Folge (Reaktion) verursacht. Das Gesetz des Karma ist also das Gesetz der Kausalität (Aktion/Reaktion bzw. Ursache/Wirkung) und besagt, daß jede Handlung verschiedene kurzfristige und langfristige Folgen verursacht. Da jeder Mensch beständig Handlungen ausführt, das heißt «Karma» erzeugt, untersteht er diesem Gesetz von Aktion und Reaktion, das für jede seiner (Freude oder Leid verursachenden) Handlungen eine entsprechende zukünftige (freud- oder leidvolle) Konsequenz festsetzt. Wenn man vom Karma einer Person spricht, meint man damit also die vorausbestimmte Reaktion auf eine nach freiem Willen ausgeführte frühere Handlung.

Das Gesetz von Aktion und Reaktion gilt nicht nur im Bereich des Physikalischen (gemäß dem Dritten Axiom der klassischen Mechanik nach Isaac Newton, 1687), sondern in jeglichem Bereich menschlichen Tuns. So bekommen wir für unsere guten, das heißt für unsere hilfreichen und liebevollen Taten, aber auch für die Schmerzen und Leiden, die wir anderen Lebewesen zufügen, früher oder später entsprechende Karma-Reaktionen, und zwar sowohl individuell als auch – wie wir im Anschluß sehen werden – kollektiv als Gesellschaft.

Das Kausalgesetz des Karma ist nicht bloß eine östliche Theorie; es ist ein Naturgesetz, das genauso unvermeidlich wirkt wie das Gesetz der Zeit oder das Gesetz der Schwerkraft. Auch in der Bibel wird das Karma-Gesetz an zahlreichen Stellen erwähnt. Zum Beispiel: «Täuscht euch nicht: Gott läßt keinen Spott mit sich treiben; was der Mensch sät, wird er ernten.» (Gal 6,7) «Richtet nicht, damit ihr nicht gerichtet werdet! Denn wie ihr richtet, so werdet ihr gerichtet werden, und nach dem Maß, mit dem ihr meßt und zuteilt, wird euch zugeteilt werden.» (Bergpredigt Jesu, Mt 7,1-2)

Auch im Volksmund sind Redensarten bekannt, die auf die Gesetzmäßigkeit von Aktion und Reaktion hinweisen: «Wie man in den Wald ruft, so schallt es wieder heraus», «Jeder ist seines Glückes Schmied» oder «Wie man sich bettet, so liegt man». Oder wie es der deutsche Dichter Novalis (1772–1801) in einem seiner Fragmente ausdrückte: «Wähl ich nicht alle meine Schicksale seit Ewigkeiten selbst?»

Auf jede Aktion, die wir ausführen, folgt also gemäß kosmischem Gesetz eine entsprechende Reaktion, und die Gesamtheit aller karmischen Reaktionen im bisherigen und in früheren Leben schafft unser «Schicksal». Wir sind jedoch nicht auf ewig an unser Karma gebunden, denn das Leben eines jeden Menschen hat eine höhere Bestimmung und einen göttlichen Sinn. Wenn wir diese Bestimmung und diesen Sinn erkennen und erfüllen, brauchen wir nicht mehr endlose Karma-Kreisläufe zu durchlaufen. Hier kommt das ins Spiel, was in vielen Religionen als «Gnade Gottes» bezeichnet wird. (Das Karma-Gesetz ist also weder ein ewiges noch ein gnadenloses Prinzip, wie Kritiker manchmal behaupten.)

Grundlegend für das Verständnis des Karma-Gesetzes ist die Erkenntnis, daß alle Lebewesen beseelt sind, das heißt, daß sie nicht einfach «nur» ein sterblicher Körper sind. In der bereits erwähnten indischen Schrift *Bhagavad-Gita* wird beschrieben, daß die spirituelle Seele die Quelle des Bewußtseins ist, das den gesamten Körper durchdringt und ihn überhaupt erst lebensfähig macht. Wenn die Seele den Körper verläßt oder verlassen muß, spricht man von «Tod». Einer Seele vorzeitig ihren Körper zu zerstören, wie das beim Töten von Tieren der Fall ist, ist für den Menschen deshalb eine Tat, die nicht folgenlos ist, vor allem, wenn der Mensch dieses Fleisch nicht unbedingt zum Überleben braucht.

> **Obwohl alle Lebewesen beseelt sind, hat der Mensch als besondere Eigenschaft die Freiheit des *bewußten Entscheidens.* Mit dieser Freiheit trägt der Mensch jedoch auch gleichzeitig die *Verantwortung* für all das, was er tut, und untersteht in seinem Handeln somit dem Gesetz des Karma. Deshalb darf von einem Menschen erwartet werden, daß er die höheren Prinzipien**

des Lebens – wie beispielsweise das Karma-Gesetz und das ethische Gebot des Respekts vor allen Lebewesen – versteht und danach handelt, denn «Nichtwissen» beziehungsweise «Nicht-wissen-Wollen» schützt nicht vor den Konsequenzen.

Töten Vegetarier nicht ebenfalls Lebewesen?

In diesem Zusammenhang werden häufig die folgenden Fragen gestellt: Töten Vegetarier nicht ebenfalls Lebewesen, nämlich Pflanzen? Töten wir zudem nicht alle unwissentlich immer wieder Lebewesen, zum Beispiel, wenn wir auf Ameisen treten? Und: Töten nicht auch Tiere andere Tiere, um zu überleben?

Die Frage, ob nicht auch Vegetarier Lebewesen töten, um sich zu ernähren, ist nicht unberechtigt; doch muß erstens festgehalten werden, daß ein Großteil der pflanzlichen Nahrung kein Töten der entsprechenden Pflanze erfordert. Früchte und Nüsse werden von den Bäumen üppig zur Verfügung gestellt, ohne daß diese Bäume durch die Ernte sterben, und Getreideähren sind bereits tot und dürr, wenn sie geerntet werden; die Frage des Tötens stellt sich also nur bei einigen Salat- und Wurzelgemüsepflanzen.

Zweitens ist es jedoch offensichtlich, daß sich dieses Töten in keiner Weise mit dem Töten von Tieren gleichsetzen läßt. Wer hieran zweifelt, soll sich einmal vorstellen, ob es für ein Kind dasselbe wäre, eine Karotte aus dem Boden zu ziehen oder eine Kuh zu töten. Harvey Diamond, der Autor des Weltbestsellers *Fit for Life,* schreibt in diesem Zusammenhang: «Legen Sie mal einen Apfel und ein Kaninchen einem Kind in sein Bettchen. Wenn das Kind das Kaninchen ißt und mit dem Apfel spielt, dann kaufe ich Ihnen ein neues Auto.» Zwischen dem Töten eines Tieres und dem Pflücken einer Pflanze besteht also ein kategorischer Unterschied, den wir auch gefühlsmäßig leicht wahrnehmen können.

Wenn jemand, der Fleisch ißt, das Argument «Vegetarier töten ebenfalls» anführt, dann handelt es sich entweder um eine faule Ausrede, um das eigene Fleischessen zu rechtfertigen, oder um inkonsequentes Denken. Denn wenn ihm das Leben der Pflanzen und Tiere wirklich am Herzen läge, müßte er erst recht mit dem Fleischessen aufhören. Ein Vegetarier verursacht ja bedeutend weniger Leid als ein Fleischesser, da er sich nicht an der systematischen Ausbeutung von Milliarden von Tieren beteiligt. Zudem werden für die vegetarische Ernährung viel weniger Pflanzen benötigt als für die «Produktion» von Fleisch (siehe unsere Ausführungen in Kapitel 2 und 3).

Es ist nicht zu bestreiten, daß es hier auf Erden letztlich nicht möglich ist, jede Form von Gewalt und «Töten» zu vermeiden. Und doch besteht ein immenser Unterschied zwischen dem unwissentlichen Töten – wie zum Beispiel dem erwähnten Treten auf Ameisen – und dem «notwendigen Töten» gewisser Pflanzen in der vegetarischen Ernährung einerseits und dem planvollen, überflüssigen und schöpfungswidrigen Schlachten von Tieren andererseits.

Die Frage lautet also nicht, wie wir, um zu überleben, Gewalt gänzlich vermeiden können, sondern die ethisch und karmisch korrekte Frage lautet: Welche Ernährungsweise erzeugt *am wenigsten* Leid? Es versteht sich von selbst, daß auch Pflanzen nicht willkürlich getötet werden sollten – obwohl dies heute ebenfalls geschieht, und zwar weltweit (z.B. Monokulturen für Schlachttierfutter, Regenwaldabholzung). Doch dies kann kaum den Vegetariern angelastet werden. Wer es gewohnt ist, lebenden Geschöpfen feinfühlig und respektvoll zu begegnen, würde so etwas nie tun.

Auch das Argument, daß Tiere ebenfalls andere Tiere töten, um zu überleben, weil es ein Naturgesetz sei, daß der Stärkere stets den Schwächeren fresse, ist nicht überzeugend. Zum einen gilt diese Aussage bei weitem nicht für alle Tiere, und zum anderen sind die meisten Tiere, die der Mensch ißt, vegetarische Wesen. Das heißt, die Tiere, deren Fleisch der Mensch ißt, töten ihrerseits keine anderen Tiere!

Hinzu kommt, daß der Mensch – im Gegensatz zu den fleischfressenden Tieren – für sein Überleben gar kein Fleisch benötigt. Wenn Fleischesser sich mit Raubtieren vergleichen, dann sollten sie sich konsequenterweise auch ihr Fleisch so beschaffen, wie diese Tiere es tun, nämlich ohne künstliche Waffen, und das Fleisch dann ungekocht verzehren.

> **Gerade der Mensch ist aufgefordert, ethische und göttliche Prinzipien über eine kurzsichtige Genußsucht zu stellen. *Dadurch* kann er seine «Überlegenheit» gegenüber dem Tier zum Ausdruck bringen, und nicht, indem er es ausbeutet und schlachtet.**

Kollektives Karma und die Weltsituation

Das Wissen um das Karma-Gesetz deckt somit die weitreichenden Folgen des Tieretötens und Fleischessens auf: Wo viele Menschen sich individuell eine von Gewalt geprägte Karma-Last aufladen, wird nicht nur ihr eigenes Leben und Bewußtsein beeinflußt, sondern auch das Schicksal der Gemeinschaft dieser Individuen, letztlich der gesamten Menschheit.

So gilt das Gesetz des Karma nicht nur *individuell,* sondern auch *kollektiv,* das heißt auch in bezug auf die positiven und negativen Handlungen, die eine ganze Gruppe von Menschen (Familie, Gemeinde, Nation, ja die Bevölkerung eines gesamten Planeten) gemeinsam ausführt oder toleriert. Wenn die Menschen kollektiv sicherstellen, daß die Schöpfungsgesetze eingehalten werden, profitiert die gesamte Gesellschaft. Wenn eine Gesellschaft hingegen ungöttliche, ungerechte und gewalttätige Handlungen fördert oder zuläßt, wird sie sich dafür verantworten und die entsprechenden kollektiven Karma-

Reaktionen ernten müssen, was sich beispielsweise durch Kriege, Naturkatastrophen, Seuchen oder Epidemien äußern kann.

Viele Menschen fürchten sich heute vor einem Krieg, aber gleichzeitig lassen sie es zu, daß Tag für Tag in Schlachthöfen, Mastfabriken und Tierversuchslaboratorien auf der ganzen Welt mindestens ebenso grauenvolle Massaker durchgeführt werden – und erkennen nicht, wie eng diese Gewaltaktionen miteinander verbunden sind.

Wer hingegen diese Zusammenhänge versteht, wird angesichts der heutigen Weltsituation sehr nachdenklich werden. Denn obschon der Verzehr von Fleisch im deutschsprachigen Raum seit Ende der achtziger Jahre etwas zurückgegangen ist (auf immerhin noch rund 88 kg pro Person jährlich, zuzüglich Fischkonsum von durchschnittlich 16 kg pro Person), steigt trotz aller Warnrufe der *weltweite* Fleischkonsum immer mehr an: seit 1961 bis heute von 71 Millionen auf 284 Millionen Tonnen. Bis zum Jahr 2050 wird sich, wenn keine Gegenmaßnahmen ergriffen werden, der weltweite Fleischverbrauch nochmals verdoppeln.

Die Statistiken besagen, daß sich in den Industrienationen der jährliche Pro-Kopf-Fleischverzehr seit dem Zweiten Weltkrieg nahezu verdoppelt hat und heute bei 82,5 kg liegt. In den vergangenen Jahren sind die westlichen Fleischkonzerne auch in den geöffneten Ostblock eingedrungen, um dort den Konsum anzuheizen und über diesen neuen Absatzmarkt noch höhere Profite einzufahren. Mit irreführenden oder verharmlosenden Werbesprüchen werden dort die Konsumenten zum Fleischverzehr animiert, zahlreiche neue Mastbetriebe und Schlachthöfe werden errichtet – was oft mit staatlicher Hilfe geschieht –, und immer neue Länder werden von den Fleisch- und Hamburger-Multis heimgesucht.

So verdoppelte sich auch in den «Entwicklungsländern» der Fleischkonsum in den vergangenen dreißig Jahren von 14,1 kg auf 30,9 kg pro Kopf. Das Milliardenvolk der Chinesen ist nun

das neueste Zielpublikum der internationalen Fleisch-Multis: Auch in China beträgt der jährliche Pro-Kopf-Fleischverzehr mittlerweile 59,5 kg. (Zum Vergleich: In Indien sind es lediglich 5,1 kg.) Auf diese Weise vergrößert sich die globale Last des kollektiven Karma von Jahr zu Jahr.

Die Macht des einzelnen Menschen

Was aber können wir als Einzelpersonen angesichts dieser vermeintlichen Übermacht tun? – Nun, wir können bei uns selbst beginnen!

Wie wir gesehen haben, ist es heute notwendiger denn je, daß jeder einzelne Mensch seine Ernährungsweise reiflich überdenkt und einsieht: Das Essen von Fleisch ist nicht bloß eine Privatsache! Zu groß sind die Schäden, die dadurch angerichtet werden – für die eigene Gesundheit, für die Tiere, für die Umwelt, für den gesamten Planeten.

Gemäß neuesten Statistiken (Stand 2009) verzehrt der deutschsprachige Durchschnittsbürger im Laufe seines Lebens über 1000 Landtiere – etwa 46 Schweine, 4 Kühe und Kälber, 4 Schafe, 12 Gänse, 37 Enten, 46 Truthähne, 945 Hühner – sowie unzählige See- und Meeresfische!

Insgesamt werden in Deutschland jährlich rund 1,1 Milliarden Tiere gegessen (Fische und Meerestiere noch nicht mitgerechnet), das heißt, jede Stunde kommen über 100 000 Tiere unter das Schlachtermesser – nur weil wir Fleisch essen wollen. Wie können wir erwarten, daß die wachsenden Weltprobleme gelöst werden, solange wir als einzelne nicht bereit sind, unseren eigenen Lebensstil zu hinterfragen und zu ändern?

Das Gesetz des Karma läßt uns nicht nur die drohenden globalen Reaktionen des Fleischessens erahnen, sondern es zeigt uns zugleich auch den praktischen Ausweg. Denn selbst wenn unser persönliches Umsteigen auf die vegetarische Lebensweise weltweit nicht viel zu ändern scheint, ändert dieser Schritt doch unser *individuelles* Karma! Und das kollektive Karma ist nichts anderes als die Summe der gesamten individuellen Karma-Reaktionen aller Menschen.

Jede einzelne zusätzliche Person, die nicht mehr die selbstmörderische Entwicklung der heutigen Zeit unterstützt, hilft dadurch mit, das kollektive schlechte Karma zu reduzieren und diesen positiven Impuls weiterzugeben. Dies ist ein stiller, aber höchst bedeutsamer Beitrag, den jeder einzelne von uns für sich und für die Welt leisten kann. Wenn also gesagt wird: «Verändere dich, dann verändert sich die Welt», so ist dies eine tiefe Wahrheit, die jeden einzelnen von uns zu konkreten Schritten aufruft.

Vegetarismus und Bewußtseinswandel

Das Verständnis des Karma-Gesetzes läßt auch die eigentliche Ursache der vielfältigen Gefahren erkennen, die heute die gesamte Menschheit bedrohen. Die leidende Mutter Erde wankt nicht unter der zu großen Anzahl Menschen, sondern unter der zu großen Anzahl Menschen, die sich falsch verhalten (siehe hierzu das Zitat von Jean Ziegler auf S. 46). Gesundheit, Gerechtigkeit, Friede und eine lebenswerte Zukunft bleiben Utopie, wenn nicht etwas unternommen wird, um die Handlungen, die schlechtes kollektives Karma nach sich ziehen, einzudämmen. Die Wissenschaftler, die Politiker und auch die Vertreter der großen religiösen Institutionen haben darin offensichtlich versagt, denn ihnen scheint das Wissen über die höheren Naturgesetze und über den Schöpfer der Natur verlorengegangen zu sein.

Die Veda-Schriften Indiens bezeichneten das Zeitalter, in dem wir Menschen nun schon seit mehreren Jahrtausenden leben, als *Kali-yuga,* als ein «Zeitalter der Spaltung», das heißt als ein Zeitalter der Konflikte und der zunehmenden Entfremdung des Menschen von sich selbst und von der Schöpfung. Sie prophezeiten, daß sich die Reichtümer der Erde aufgrund des ungöttlichen Verhaltens der Menschen im Verlauf dieses Zeitalters immer mehr vermindern werden, so daß die Menschen gezwungen sein werden, den ganzen Tag hart zu arbeiten, nur um einen Platz zum Schlafen und etwas zu essen zu bekommen.

Diese Weissagung ist schon lange alltägliche Realität geworden: Die meisten Menschen haben kaum mehr für anderes Zeit als fürs Essen, Schlafen, Arbeiten und Sicherholen von der Arbeit. Kaum jemand findet mehr die innere und äußere Ruhe, sich mit den höheren Fragen des Lebens, mit Ethik, Philosophie und Religion, zu beschäftigen. Doch genau dies wäre die eigentliche Aufgabe des Menschen, der ja – im Gegensatz zum Tier – für jedes Handeln und auch für jedes Nichthandeln in seinem Leben selbst verantwortlich ist.

Die Lösung ist also nicht einfach nur der Vegetarismus, sondern ein insgesamt ethischer, gottesbewußter Lebensstil, der als natürliche Folge den Vegetarismus miteinschließt. Über die vegetarische Ernährung hinaus beinhaltet dieser angestrebte Lebensstil auch die Entwicklung eines umfassenden individuellen und kollektiven Bewußtseinswandels.

Ein solcher grundlegender Bewußtseinswandel wird nur dann glaubhaft und beständig sein können, wenn er auch praktisch umgesetzt wird, angefangen damit, daß man jede Tätigkeit in Dankbarkeit, Respekt und Liebe ausführt. Dieses Prinzip des dankbaren, respektvollen und liebenden Handelns kann in allen Lebensbereichen angewandt werden, nicht zuletzt auch in bezug auf das Essen. Und vegetarisch zu leben ist ein wichtiger Schritt in diese Richtung.

Verehrte Leserin und verehrter Leser, wir danken Ihnen von Herzen für diesen Beitrag und freuen uns gemeinsam mit Ihnen auf eine gesündere, gerechtere und friedvollere Zukunft.

* * * * *

DAS AUTOREN-TEAM

Armin Risi (Jg.1962) ist Philosoph und Sachbuchautor; lebte als Mönch für 18 Jahre in vedischen Klöstern in Europa und Indien und studierte die Sanskritschriften sowie westliche und östliche Philosophie; er ist Autor dreier Gedichtbände und der Sachbuch-Trilogie «Der multidimensionale Kosmos» *(Gott und die Götter / Unsichtbare Welten / Machtwechsel auf der Erde)* und des spirituell-philosophischen Handbuchs *Licht wirft keinen Schatten;* im Herbst 2009 erschien *Der radikale Mittelweg. Das Buch zum aktuellen Paradigmenwechsel,* ergänzt durch die beiden Taschenbücher (Januar 2011) *Ganzheitliche Spiritualität* und *Einheit im Licht der Ganzheit.*

Armin Risi lebt als freischaffender Schriftsteller und Referent in Zürich. Er ist seit 1980 Vegetarier.

(Website: www.armin-risi.ch)

Ronald Zürrer (Jg. 1961) ist Religionsphilosoph, Buchautor, Verleger (Gründer und Inhaber des Govinda-Verlages) und Referent; Ausbildung sowohl in der klassischen abendländischen Geistesgeschichte (Studium der Germanistik, der Philosophie und der Religionswissenschaften) als auch in asiatischer Weisheit und Meditation (mehrjähriger Studienaufenthalt als Mönch in einem hinduistischen Kloster); er ist Autor mehrerer philosophischer und lyrischer Bücher sowie Träger des angesehenen «Schweizerpreises für Parapsychologie».

Ronald Zürrer lebt zusammen mit seinem Sohn Narada (Jg. 1997) in Zürich. Er ist seit 1978 Vegetarier.

Fachliche Beratung:

Renato Pichler, Präsident der Schweizerischen Vereinigung für Vegetarismus (SVV) und der European Vegetarian Union (EVU) sowie Herausgeber der Zeitschrift «Vegi-Info».

Sebastian Zösch, Geschäftsführer und stellvertretender Vorsitzender des Vegetarierbundes Deutschland (VEBU).

Mitarbeit:

Maria Rossmanith: Recherchen, Lektüre Fachbücher, Literatur- und Restaurantlisten, Bildredaktion
Silvia Soos: Recherchen, Restaurantlisten
Helmut Kunkel: Recherchen
Andi Wolf: Recherchen

Bildnachweis:

S. 18 – Manuel H. (Vegetarier-Postkarte Nr. 012), Foto: Angela Krebs
S. 23 – Maria R. (Vegetarier-Postkarte Nr. 003), Foto: Thomas Pfleiderer
S. 37 – Lisa R. (Vegetarier-Postkarte Nr. 005), Foto: Angela Krebs
S. 38 – Michael W. (Vegetarier-Postkarte Nr. 001), Foto: Thomas Pfleiderer
S. 56 – Angie K. (Vegetarier-Postkarte Nr. 011), Foto: Maria Rossmanith
S. 56 – Vanja P. (Vegetarier-Postkarte Nr. 028), Foto: Emanuel Ammon
S. 76 – Eléa L. (Vegetarier-Postkarte Nr. 030), Foto: Stephan Linder
S. 146 – Narada Z. (Vegetarier-Postkarte Nr. 009), Foto: Angela Krebs
S. 150 – Armin Risi, Foto: Silvia Siegenthaler
S. 150 – Ronald Zürrer (Vegetarier-Postkarte Nr. 008), Foto: Angela Krebs
© aller obenstehenden Fotos: Govinda-Verlag GmbH

S. 88, 90, 91, 98 – © Govinda-Verlag GmbH

S. 48, 64, 113, 114, 138 – © Dennis Williamson, www.dennis-williamson.de
Mit freundlicher Genehmigung.

NAMENSINDEX

Vegetarierorganisationen

Schweizerische Vereinigung für Vegetarismus (SVV):
Niederfeldstrasse 92, CH-8408 Winterthur, Schweiz
www.vegetarismus.ch

Vegetarierbund Deutschland e.V. (VEBU):
Blumenstraße 3, DE-30159 Hannover, Deutschland
www.vebu.de

Vegetarische Initiative e.V. (VI):
Postfach 1341, DE-23723 Neustadt in Holstein, Deutschland
www.vegetarische-initiative.de

Österreichische Vegetarier Union (ÖVU):
Roßegg 41, A-8045 Graz, Österreich
www.vegetarier.at

European Vegetarian Union (EVU):
Niederfeldstrasse 92, CH-8408 Winterthur, Schweiz
www.euroveg.eu

Internationale Vegetarier Union (IVU):
www.ivu.org/german

PETA-Deutschland e.V.:
Benzstraße 1, DE-70839 Gerlingen, Deutschland
www.peta.de

Verein gegen Tierfabriken (VgT):
http://vegan.vgt.ch

Verwendete und weiterführende Literatur

Sachbücher über Vegetarismus

Erika Kalika Blöchlinger: *Tierschutzhandbuch: Wusstest du, dass ... ? (Kinderbuch);* Verlag Das Tier + wir, Bern 2006, 2. Auflage 2009.

Wilhelm Brockhaus (Hrsg.): *Das Recht der Tiere in der Zivilisation – Einführung in Naturwissenschaft, Philosophie und Einzelfragen des Vegetarismus;* F.-Hirthammer-Verlag, München 1975 (vergriffen).

Gabriel Cousens: *Bewußt essen* (Band 1: Individuelle Ernährung mit Ayurveda; Band 2: Harmonie und Gesundheit mit vegetarischer Ernährung; Band 3: Vier Schritte zur bewußten Ernährung); Hans-Nietsch-Verlag, Emmendingen 1997-2001.

Gabriel Cousens: *Ganzheitliche Ernährung und ihre spirituelle Dimension;* Hans-Nietsch-Verlag, Emmendingen 1986, 5. Auflage 2010.

Wolf-Michael Eimler / Nina Kleinschmidt: *Tierische Geschäfte – Barbarische Methoden im Fleisch- und Eierland;* Droemer-Verlag, München 1987 (vergriffen).

Jonathan Safran Foer: *Tiere essen;* Kiepenheuer & Witsch, Köln 2010.

Christiane Grefe / Peter Heller / Martin Herbst: *Das Brot des Siegers – Das Hackfleisch-Imperium;* Lamuv-Verlag, Göttingen 1989 (vergriffen).

Hans-Ulrich Grimm: *Die Suppe lügt – Die schöne neue Welt des Essens;* Verlag Droemer/Knaur, München 2008.

Helmut F. Kaplan: *Warum ich Vegetarier bin – Prominente erzählen;* Rowohlt-Taschenbuch-Verlag, Reinbek 1995 (vergriffen).

Helmut F. Kaplan: *Leichenschmaus – Ethische Gründe für eine vegetarische Ernährung;* Rowohlt-Taschenbuch-Verlag, Reinbek 1997 (vergriffen).

Helmut F. Kaplan: *Tiere haben Rechte – Argumente und Zitate von A-Z;* Harald-Fischer-Verlag, Erlangen 1998, 3. Auflage 2010.

Birgit Klaus: *Tier zuliebe – Vegetarisch leben, eine Kostprobe;* Diederichs-Verlag, München 2011. NEU

Dr. med. Hans Günter Kugler: *Vegetarisch essen – Fleisch vergessen (Ärztlicher Ratgeber für Vegetarier und Veganer);* Verlag Das Wort, Marktheidenfeld 2006, 3. Auflage 2010.

Claus Leitzmann / Markus Keller: *Vegetarische Ernährung;* Ulmer-Verlag (UTB), Stuttgart 1996, 2. Auflage 2010.

Claus Leitzmann: *Vegetarismus – Grundlagen, Vorteile, Risiken;* Verlag C.H. Beck, München 2001, 3. Auflage 2009.

Manuela Linnemann / Claudia Schorcht (Hrsg.): *Vegetarismus – Zur Geschichte und Zukunft einer Lebensweise;* Harald-Fischer-Verlag, Erlangen 2001, 2. Auflage 2010.

Manuela Linnemann (Hrsg.): *Der Weg allen Fleisches – Das Motiv des Schlachtens in der Literatur;* Harald-Fischer-Verlag, Erlangen 2006.

Katja Lührs: *Viva Veggie!;* inkl. CD-ROM zur Optimierung des persönl. Speiseplans; Hans-Nietsch-Verlag, Emmendingen 2011. NEU

Nina Messinger: *Du sollst nicht töten! – Plädoyer für eine gewaltfreie Ernährung;* Smaragd-Verlag, Woldert 2011. NEU

Axel Meyer: *Fleisch ... oder die Folgen einer unbewußten Eßgewohnheit;* Taoasis-Verlag, Lemgo 1993 (vergriffen).

Axel Meyer: *Fleisch ade! – Was Sie schon immer über Risiken und Nebenwirkungen eingefleischter Eßgewohnheiten wissen wollten;* Goldmann-Verlag, München 2001 (vergriffen).

Christian Opitz: *Ernährung für Mensch und Erde – Grundlagen einer neuen Ethik des Essens;* Hans-Nietsch-Verlag, Emmendingen 1995, 6. Auflage 2010.

James A. Peden: *Vegetarische Hunde- und Katzenernährung;* Echo-Verlag, Göttingen 2003, 2. Auflage 2008.

Volker Elis Pilgrim: *Zehn Gründe, kein Fleisch mehr zu essen;* Rowohlt-Taschenbuch-Verlag, Reinbek 1992 (vergriffen).

John Robbins: *Ernährung für ein neues Jahrtausend;* Hans-Nietsch-Verlag, Emmendingen 1996, 6. Auflage 2008.

John Robbins: *Food Revolution;* Hans-Nietsch-Verlag, Emmendingen 2003, 3. Auflage 2010.

Steven Rosen: *Die Erde bewirtet euch festlich – Vegetarismus und die Religionen der Welt;* Adyar-Verlag, Satteldorf 1992 (vergriffen).

Victor S. Sussman: *Die vegetarische Alternative – So bleiben Sie fit und gesund!;* Hans-Nietsch-Verlag, Freiburg 1999 (vergriffen).

Tanja Tronniker: *Happy vegetarisch – Genussvoll & unkompliziert. Unterwegs & zu Hause.;* Verlag Herbig, München 2006.

Jean Ziegler: *Wie kommt der Hunger in die Welt? – Ein Gespräch mit meinem Sohn;* Cbt-Verlag, München 2002, 6. Auflage 2010.

Rynn Berry: *Famous Vegetarians and their favorite recipes;* Pilgrims Publishing, New York 1993.

Peter Cox: *Why You Don't Need Meat;* Bloomsbury Publishing, London 1992 (vergriffen).

Daniel A. Dombrowski: *Vegetarianism – The Philosophy Behind The Ethical Diet;* Thorsons Publishers, Wellingborough 1985 (vergriffen).

Sachbücher über Veganismus

T. Colin Campbell / Thomas M. Campbell: *China Study – Die wissenschaftliche Begründung für eine vegane Ernährungsweise;* Verlag Systemische Medizin, Bad Kötzting 2010, 2. Auflage 2011. NEU

Kath Clements: *Vegan – Über Ethik in der Ernährung und die Notwendigkeit des Wandels;* Echo-Verlag, Göttingen 1998, 6. Auflage 2010.

Ruediger Dahlke: *Peace Food – Wie der Verzicht auf Fleisch und Milch Körper und Seele heilt;* Verlag Gräfe und Unzer, München, 3. Auflage 2011. NEU

Gill Langley: *Vegane Ernährung;* Echo-Verlag, Göttingen 1999-2010.

Katharina Petter / Tobias Pohlmann / VEBU: *Die große vegane Nährwerttabelle;* Vegetarierbund Deutschland, 2007.

Ruby Roth: *Warum wir keine Tiere essen – Ein Buch über Veganer, Vegetarier und alles Lebendige (Kinderbuch);* Echo-Verlag, Göttingen 2010.

Vegetarische Kochbücher

Celia Brooks Brown: *Vegetarisch kochen – Die besten Rezepte aus aller Welt;* Verlag Dorling Kindersley, München 2007.

Cook it – vegetarisch; Verlag Dorling Kindersley, München 2008, 3. Auflage 2010.

Gabriel Cousens: *Die Kunst der Zubereitung lebendiger Nahrung;* Hans-Nietsch-Verlag, Emmendingen 2003, 3. Auflage 2008.

Adiraja Dasa: *Vedische Kochkunst – Die erlesensten Gerichte der vegetarischen Küche Indiens;* The Bhaktivedanta Book Trust, Vaduz 1987, 5. Auflage 2009.

Rose Elliot: *Einfach vegetarisch;* Neuer Umschau Buchverlag, Neustadt 2008, 1. Auflage 2008.

Irmela Erckenbrecht: *So schmeckt's Kindern vegetarisch – Theorie und Praxis;* pala-verlag, Darmstadt 2001, 3. Auflage 2009.

Jutta Grimm: *Vegetarisch grillen – Vollwertige Rezepte;* pala-verlag, Darmstadt 1987, 9. Auflage 2008.

Sushila Issar / Mrinal Kopecky: *Indisch vegetarisch;* Hädecke-Verlag, Weil der Stadt 2011.

Rolf Hiltl: *Vegetarisch nach Lust und Laune;* Werd-Verlag, Zürich 1998, 13. Auflage 2010.

Kochlust: Vegetarisch; Verlag Dorling Kindersley, München 2009.

Heike Kügler-Anger: *Vegetarisches fürs Fest – Weihnachtsrezepte aus aller Welt;* pala-Verlag, Darmstadt 2009.

Helen Nearing: *Kochbuch des guten Lebens – Eine Sammlung vegetarischer Rezepte für Menschen, die das Einfache lieben;* pala-verlag, Darmstadt 1996, 2. Auflage 2001.

Andrea Opitz: *Köstliche Lebenskraft – 235 Rezepte aus der Rohkostküche;* Hans-Nietsch-Verlag, Emmendingen 1995, 7. Auflage 2010.

Petra und Joachim Skibbe: *Ayurveda – Die Kunst des Kochens (vollwertig und individuell);* pala-verlag, Darmstadt 1999, 3. Auflage 2009.

Petra und Joachim Skibbe: *Backen nach Ayurveda – Brot, Brötchen & Pikantes (eifrei und vollwertig);*
pala-verlag, Darmstadt 1997, 5. Auflage 2009.

Petra und Joachim Skibbe: *Backen nach Ayurveda – Kuchen, Torten & Gebäck (eifrei und vollwertig);*
pala-verlag, Darmstadt 1998, 3. Auflage 2006.

Vegane Kochbücher

Suzanne Barkawitz: *Vegan genießen – Vollwertige Rezepte aus nah und fern;* pala-verlag, Darmstadt 1997, 5. Auflage 2009.

Angelika Eckstein: *Vegan backen – Kuchen, Torten & mehr;* pala-verlag, Darmstadt 2008, 3. Auflage 2011.

Angelika Eckstein: *Vegane Weihnachtsbäckerei;* pala-Verlag, Darmstadt 2010.

Sandra Forster (Hrsg.): *Das vegane Kochbuch;* Blumenbar-Verlag, Berlin 2009, 2. Auflage 2010.

Attila Hildmann: *Vegan Kochbuch Vol. 3 – Cholesterinbewusst, laktosefrei und klimafreundlich kochen,* Books on Demand 2010.

Heike Kügler-Anger: *Käse veganese – Milchfreie Alternativen zur Käseküche;* pala-verlag, Darmstadt 2008, 2. Auflage 2010.

Heike Kügler-Anger: *Veganes fürs Fest – Weihnachtliche Rezepte aus aller Welt;* pala-Verlag, Darmstadt 2011. NEU

Matthias Langwasser: *Vegane Kochkunst – Kreative Küche für Vitaltät und Lebensfreude.* Regenbogenkreis-Verlag, Lübeck 2004, 3. Auflage 2007.

Matzke / Peroutka / Krebber / Knoll: *Genuss ohne Reue – Iss Dich gesund mit den fünf Elementen.* WuWei-Verlag, Schondorf 2005, 3. Auflage 2010.

Björn Moschinski: *Vegan kochen für alle;* Südwest-Verlag, München, 2. Auflage 2011. NEU

Hinweis: Die meisten der hier empfohlenen und noch lieferbaren Sach- und Kochbücher sind über unsere Website zu beziehen:

www.vegetarisch-leben.de

Vegetarisch orientierte Zeitschriften

Vegi-Info – Zeitschrift für Vegetarismus, Tierrecht und Ethik

Herausgegeben von der Schweizerischen Vereinigung für Vegetarismus (SVV), Winterthur; erscheint 4x jährlich auf Deutsch und Französisch. Infos unter: www.vegetarismus.ch

Natürlich vegetarisch – Das VEBU-Magazin (ehemals «Der Vegetarier»)

Herausgegeben vom Vegetarierbund Deutschlands (VEBU), Hannover; erscheint 4x jährlich. Infos unter: www.vegetarierbund.de

Vegetarisch fit!– Das gesunde Magazin

Herausgegeben vom Marken-Verlag, Stuttgart; erscheint 6x jährlich. Infos unter: www.vegetarischfit.de

Anima – Zeitschrift für Tierrechte

Herausgegeben von der Österreichischen Vegetarier Union (ÖVU), Graz; erscheint 4x jährlich. Infos unter: www.vegetarier.at

Vegetarische Restaurants im deutschen Sprachraum

Die folgenden Listen rein vegetarischer oder veganer Restaurants, Bistros, Imbisse, Cafés, Gästehäuser, Take-Aways und Catering-Services wurden nach gründlichen Recherchen aus Dutzenden von verschiedenen Quellen zusammengestellt (Stand März 2012). Dennoch besteht verständlicherweise keine Gewähr, daß alle hier aufgelisteten Gaststätten im Laufe der Zeit unter der angegebenen Adresse noch existieren bzw. noch vegetarisch sind. Wir empfehlen Ihnen daher, sich im Vorfeld Ihres Besuches hierüber zu informieren.

Auf unseren Websites **www.vegetarisch-leben.ch** oder **www.vegetarisch-leben.de** finden Sie ständig aktualisierte Restaurant-Listen.

Schweiz

1006 Lausanne, «Dhanyaa» (Take-Away), Rue du Simplon 13, Tel. 021 617 24 60, www.dhanyaa.com

1202 Genève, «Aux deux portes», Rue Schaub 11, Tel. 022 734 11 22, www.auxdeuxportes.ch

3005 Bern, «Cafeteria Siddharta in der Quelle» (Ort der Begegnung), Museumstrasse 10, Tel. 031 333 99 09, www.die-quelle.ch

3011 Bern, «tibits», Bahnhofplatz 10, Tel. 031 312 91 11, www.tibits.ch

3011 Bern, «Hier und Jetzt», Bubenbergplatz 10, Tel. 031 311 72 71, www.hier-und-jetzt.ch

3013 Bern, «ässegge» (Take-Away), Viktoriarain 12; Tel. 079 873 44 11, www.aessegge.ch

3014 Bern, «3dosha» (Ayurvedisches Restaurant), Moserstrasse 25, Tel. 031 331 13 73, www.3dosha-ayurveda.ch

4051 Basel, «tibits», Stänzlergasse 4, Tel. 061 205 39 99, www.tibits.ch

5637 Beinwil, «Pension Nussbaum» (Biologisch-veganes Bed&Breakfast), Grüt 29, Tel. 056 668 05 20

6003 Luzern, «Bleichi 23», Bleicherstrasse 23, Tel. 041 410 85 65, www.bleichi.ch

6593 Cadenazzo, «Il Guardiano del Farro», Via Monte Ceneri 5, Tel. 091 858 39 77, www.gdf.ch

6600 Locarno, «Govinda Ristorante», Via della motta 10, Tel. 091 752 38 52

6600 Locarno, «Govinda Club», Via Borghese 14, Tel. 091 752 38 15, www.govindarama.ch

6900 Lugano, «Il radicchio», Corso Elvezia 22, Tel. 091 921 11 48, www.radicchio.altervista.org

6900 Lugano, «Sapori bio», Salita Chiattone 18, Tel. 091 922 04 64, www.saporibio.ch

6954 Sala Capriasca, «Fondazione Meraggia» (Ferienanlage für Selbstversorgerferien), Tel. 091 943 62 52, www.meraggia.ch

8001 Zürich, «Mohini», Weinbergstrasse 15, Tel. 044 252 52 11, www.mohini.ch

8001 Zürich, «Hiltl», Sihlstrasse 28, Tel. 044 227 70 00, www.hiltl.ch

8001 Zürich, «Bona Dea», Bahnhofplatz 15, Tel. 044 217 15 15, www.bona-dea.ch

8001 Zürich, «Pot au Vert im Hotel Limmathof», Limmatquai 142, Tel. 044 261 42 20

8004 Zürich, «Vegan Kitchen and Bakery», Müllerstrasse 64, Tel. 079 541 41 66, www.vegankitchenandbakery.ch

8005 Zürich, «SamSeS», Langstrasse 231, Tel. 044 440 13 13, www.samses.ch

8008 Zürich, «tibits», Seefeldstrasse 2, Tel. 044 260 32 22, www.tibits.ch

8032 Zürich, «Vier Linden» (Bistro & Take Away), Freiestrasse 50, Tel. 044 268 88 10, www.vierlinden.ch

8400 Winterthur, «tibits», Oberer Graben 48, Tel. 052 202 73 33, www.tibits.ch

8580 Hefenhofen, «Moosmühle» (Ganzheitliches Kurs- und Ferienzentrum), Moos, Tel. 071 411 91 81, www.moosmuehle.ch

9642 Ebnat-Kappel, «Bergpension Sonnmatt», Schwand, Tel. 071 993 34 17, www.bergpension.ch

Hinweis: Der Vegetarierbund Deutschland gibt zwei Broschüren mit jeweils aktuellen Adressen zum Thema heraus: «Speisen auf Reisen» (Gaststätten und Catering-Services) sowie «Vegi-Urlaubsland – Hotels, Pensionen, Gästehäuser, Seminarhäuser, Kurhäuser, Ferienhäuser und Ferienwohnungen mit vegetarischer Verpflegung.
Infos unter: www.vegetarierbund.de

Deutschland

01099 Dresden, «Electric Lotus», Louisenstraße 58, Tel. 0351/ 895 13 70, www.electriclotus.de

01189 Dresden, «Chicoree», Friedhofstraße 3, Tel. 0351/ 401 09 43, www.chicoree-dresden.de

02625 Bautzen, «Café Steinhaus Bautzen», Steinstraße 37, Tel. 03591/ 410 86, www.steinhaus-bautzen.de

02826 Görlitz, «Ca-Tee-Drale», Christoph-Lüders-Straße 47, Tel. 03581/ 31 59 48

04277 Leipzig, «Zest», Bornaische Straße 54, Tel. 0341/ 231 91 26, www.zest-leipzig.de

06108 Halle, «Ökoase» (Bistro), Kleine Ulrichstraße 2, Tel. 0345/ 290 16 04, www.oekoase-halle.de

06108 Halle, «la ka rot!», Ludwig-Wucherer-Straße 29, Tel. 0345/ 959 29 81, www.lakarot.de

06907 Kemberg-Gomlo, «Naturheilhof», Gomloer Straße 1, Tel. 03492/ 16 00 87

07743 Jena, «Café Wagner», Wagnergasse 26, Tel. 03641/ 47 21 53, www.wagnerverein-jena.de

09130 Chemnitz, «Subway to Peter», Peterstraße 1, Tel. 0371/ 404 15 34, www.subwaytopeter.de

10115 Berlin-Mitte, «La Mano Verde», Scharnhorststraße 28-29, Tel. 030/ 82 70 31 20, www.lamanoverde.de

10117 Berlin-Mitte, «Cookies Cream», Behrenstraße 55, Tel. 030/ 27 49 29 40, www.cookiescream.com

10117 Berlin-Mitte, «Supergood», Friedrichstraße 103, Tel. 030/ 93 62 69 77, www.supergood.com

10117 Berlin-Mitte, «Samadhi» (Vietnamesisches Restaurant), Wilhelmstraße 77, Tel. 030/ 22 48 88 50, www.samadhi-vegetarian.de

10179 Berlin-Mitte, «Lotos» (Café & Bio-Bistro), Neue Blumenstraße 5, Tel. 030/ 27 58 32 12, www.lotos-vihara.de

10245 Berlin-Friedrichshain, «yoyo Foodworld», Gärtnerstraße 27, Tel. 030/ 49 78 73 84, www.yoyofoodworld.de

10245 Berlin-Friedrichshain, «Vegan-Vegetarisch», Boxhagener Straße 27, Tel. 030/ 29 00 91 00, www.vegan-vegetarisch.de

10245 Berlin-Friedrichshain, «Vöner – Der vegetarische Döner», Boxhagener Straße 56, Tel. 030/ 99 26 54 23, www.voener.de

10435 Berlin-Prenzlauer Berg, «Café Morgenrot», Kastanienallee 85, Tel. 030/ 44 31 78 44, www.cafe-morgenrot.de

10437 Berlin-Prenzlauer Berg, «Vego-Foodworld», Lychener Straße 63, Tel. 030/ 60 92 39 68, www.vego-foodworld.de

10437 Berlin-Prenzlauer Berg, «Majas Deli», Pappelallee 11, Tel. 030/ 48 49 48 51, www.majas-deli.de

10439 Berlin-Prenzlauer Berg, «Veganz» (veganer Vollsortiment-Supermarkt), Schivelbeiner Straße 34, Tel. 030/ 440 360 48, www.veganz.de

10623 Berlin-Charlottenburg, «Satyam», Goethestraße 5, Tel. 030/ 31 80 61 11, www.mysatyam.de

10781 Berlin-Schöneberg «Baharat Falafel», Winterfeldtstraße 37, Tel. 030/ 216 83 01

10965 Berlin-Schöneberg, «Yorck52», Yorckstraße 52, Tel. 030/ 64 49 26 18, www.yorck52.de

10997 Berlin-Kreuzberg, «Rootz», Skalitzer Straße 75, Tel. 030/ 61 62 81 50, www.rootz-berlin.de

10999 Berlin-Kreuzberg, «Viasko», Erkelenzdamm 49, Tel. 030/ 88 49 97 85, www.viasko.de

10999 Berlin-Kreuzberg, «Yellow Sunshine», Wiener Straße 19, Tel. 030/ 69 59 87 20, www.yellow-sunshine.com

12051 Berlin-Neukölln, «Cosisuca» (Lesecafé), Nogatstraße 30, Tel. 0177/ 215 55 59, www.cosisuca.de

14050 Berlin-Westend, «Lotuslounge» (im tibetisch-buddhistischen Zentrum von Rigpa), Soorstraße 85, Tel. 030/ 23 25 50 65, www.lotus-lounge.de

14195 Berlin-Wilmersdorf, «Veggie No. 1» («Die grüne Mensa»), Van't-Hoff-Straße 6, Tel. 030/ 939 39 75 05

14467 Potsdam, «Lebensquell» (Imbiss im Biomarkt), Hegelallee 23, Tel. 0331/ 270 20 63

14467 Potsdam, «Café KieselStein», Hegelallee 23, Tel. 0331/ 601 23 77, www.cafe-kieselstein.de

14469 Potsdam, «Govindas Higher Taste» (vegetarischer und veganer Catering-Service), Lennéstraße 23, Tel. 0331/ 273 32 53, www.govindas-higher-taste.de

17209 Zislow, «Die Arche», Lenzer Weg 1, Tel. 039924/ 70 00, www.diearche.de

18057 Rostock, «Biofrieda» (Laden mit Café), Feldstraße 64, Tel. 0381/ 123 45 44, www.biofrieda.de

18375 Ostseebad Prerow, «Haus Linden» (Hotel; Restaurant jährlich von 15.3. bis 31.10. geöffnet), Gemeindeplatz, Tel. 038233/ 636, www.haus-linden.de

20095 Hamburg, «Season», Schauenburger Straße 49 und Rathausmarkt 2 (im Bucerius Kunstforum), Tel. 040/ 97 07 40 72, www.season-food.de

20099 Hamburg, «Café Koppel», Lange Reihe 75, Tel. 040/ 24 92 35, www.cafe-koppel.de

20146 Hamburg, «Gopalam-Imbiss», Grindelallee 159, Tel. 040/ 450 40 48

20249 Hamburg, «Tassajara», Eppendorfer Landstraße 4, Tel. 040/ 48 38 01, www.tassajara.de

20251 Hamburg, «Happy Vegetarian», Löwenstraße 12, Tel. 040/ 46 85 62 98, www.happyvegetarian.de

20251 Hamburg, «Bistro im Kulturhaus Eppendorf», Martinistraße 40, Tel. 040/ 46 07 33 36

20355 Hamburg, «Loving Hut» (asiatisch, vegan), Markusstraße 2, Tel. 040/ 57 22 10 29, www.lovinghut.de

20357 Hamburg, «Hin & Veg», Am Schulterblatt 16, Tel. 040/ 59 45 34 02, www.hinundveg.de

21335 Lüneburg, «Pons», Salzstraße am Wasser 1, Tel. 04131/ 22 49 35, www.pons-info.de

22765 Hamburg, «Veg Out!» (Imbiss), Bahrenfelder Straße 212, Tel. 040/ 29 81 25 01

22807 Hamburg, «Ohari», Landwehr 63, Tel. 040/ 48 56 01, www.ohari.de

23552 Lübeck, «Café Affenbrot», Kanalstraße 70, Tel. 0451/ 721 93, www.cafeaffenbrot.de

23948 Stellshagen, «Hotel Gutshaus Stellshagen», Lindenstraße 1, Tel. 038825/ 440, www.gutshaus-stellshagen.de

23966 Wismar, «Avocados», Hinter dem Chor 1, Tel. 03841/ 30 33 33, www.avocados-wismar.de

24143 Kiel-Gaarden, «Sub-Rosa», Elisabethstraße 25, Tel. 0431/ 767 49

24937 Flensburg, «Apfelsinchen», Holmpassage, Tel. 0461/ 493 55 37

28205 Bremen, «Vegefarm», Hamburger Straße 45/47, Tel. 0421/ 70 86 96 60, www.restaurant.vegefarm.de

28205 Bremen, «Veggie House Restaurant», Am Hulsberg 14, Tel. 0421/ 46 82 35 15, www.veggiehouse.de

29664 Walsrode, «Zauberkessel», Bergstraße 12, Tel. 05161/ 60 97 57

30159 Hannover, «Hiller», Blumenstraße 3 , Tel. 0511/ 32 12 88

30161 Hannover, «Carrots & Coffee», Wedekindplatz 1, Tel. 0511/ 848 98 71, www.carrotsandcoffee.de

30169 Hannover, «Loving Hut» (asiatisch, vegan), Calenberger Straße 11, Tel. 0511/ 10 53 82 76, www.lovinghut.de

34119 Kassel, «Bashis Delight», Elfbuchenstraße 18, Tel. 0561/ 739 76 67, www.bashi.de

34549 Edertal-Bringhausen, «fünfseenblick» (Gäste- und Seminarhaus), Kurstraße 4, Tel. 05623/ 949 40, www.fuenf-seen-blick.de

35037 Marburg, «Vegi Queen» (vegetarischer und veganer Imbiss), Weidenhäuser Straße 4, Tel. 06421/ 166 91 11

35232 Dauphtetal, «Ambiente», Neue Landstraße 48, Tel. 06466/ 79 91

36037 Fulda, «Mercado», Gemüsemarkt 15, Tel. 0661/ 229 88, www.mercado-fulda.de

36041 Fulda, «Aubergine», Haimbacher Straße 51, Tel. 0661/ 292 68 68, www.restaurant-aubergine.de

39291 Friedensau, «Mensa der Theologischen Hochschule», An der Ihle 19, Tel. 03921/ 91 61 78, www.thh-friedensau.de

40213 Düsseldorf, «Café/Imbiß Sattgrün», Graf-Adolf-Platz 6, Tel. 0211/876 33 90, www.sattgruen.de

40223 Düsseldorf, «Jade-Imbiss», Dürener Straße 42, Tel. 0211/ 15 67 88, www.jade-imbiss.de

40477 Düsseldorf, «Schäfer», Kaiserswerther Straße 6, Tel. 0211/ 492 10 50, www.schaefer-blue.de

42115 Wuppertal, «Obergrün», Nützenberger Straße 131, Tel. 0202/ 317 90 60

44137 Dortmund, «Gut tut», Lindemannstraße 4, Tel. 0231/ 189 67 23, www.guttut.de

45130 Essen, «Zodiac», Witteringstraße 41, Tel. 0201/ 77 12 12, www.restaurant-zodiac.de

45131 Essen, «Genuss im Einklang», Eduard-Lucas-Straße 48, Tel. 0201/ 298 88 73, www.genussimeinklang.de

46535 Dinslaken, «Canapé», Gartenstraße 1, Tel. 02064/ 174 78, www.restaurant-canape.de

47546 Kalkar, «Petersilchen» (Catering), Ritter-Ebert-Straße 15, Tel. 02824/ 60 65, www.petersilchen-catering.de

48155 Münster, «Prütt», Bremer Straße 32 , Tel. 0251/ 66 55 88, www.pruett-cafe.de

50672 Köln, «Osho´s Place», Venloer Straße 5-7, Tel. 0221/ 800 05 81

50674 Köln, «Govindam», Roonstraße 3, Tel. 0221/ 492 89 16, www.govindam.net

50674 Köln, «Lotus», Moltkestraße 79, Tel. 0221/ 569 18 36, www.stadtraum.de

51103 Köln, «Trash-Chic», Wiersbergstraße 31, Tel. 0221/ 721 33 82, www.trash-chic.com

51105 Köln, «Govinda», Taunusstraße 40, Tel. 0221/ 355 33 16 30, www.gokula.de

53111 Bonn, «Cassius-Garten», Maximilianstraße 28 D, Tel. 0228/ 65 24 29, www.cassiusgarten.de

54290 Trier, «Oh Bio Mio», Palaststraße 3, Tel. 0651/ 912 08 20

54516 Wittlich, «Oh Bio Mio» (Bioladen mit Bistro), Marktplatz 1, Tel. 06571/ 95 49 00

54568 Gerolstein, «Vegaria», Rondellpassage 8, Tel. 06591/ 94 96 52, www.vegaria.de

55471 Tiefenbach, «Hotel Toepperhof», Kirchstraße 4, Tel. 06761/ 97 05 04, www.toepperhof.de

55767 Abentheuer, «Govindas» (Catering), Böckingstraße 12, Tel. 06782/ 94 88, www.govindas.de

56068 Koblenz, «Salatgarten», Gymnasialstraße 10-12, Tel. 0261/ 364 55

56379 Charlottenberg, «Frauenlandhaus» (Kultur- und Begegnungsstätte für Frauen), Holzappeler Straße 3, Tel. 06439/ 75 31, www.frauenlandhaus.de

57334 Bad Laasphe, «Café Natura-Vita», Gartenstraße 9, Tel. 02752/ 71 97, www.natura-vita.de

58095 Hagen, «Mundial», Potthofstraße 22, Tel. 02331/ 18 39 47, www.allerwelthaus.org

60314 Frankfurt am Main, «Thalrunde@Club Michel», Hanauer Landstraße 186 (auf dem Union-Gelände), Tel. 0160/ 96 22 60 73, www.thalrunde.de

64293 Darmstadt, «Habibi», Landwehrstraße 13, Tel. 06151/ 660 27 60, www.cafe-habibi.de

64297 Darmstadt, «Radieschen», Reuterallee 37, Tel. 06151/ 94 34 46, www.radieschen.com

65195 Wiesbaden, «Zimt & Koriander», Seerobenstraße 1, Tel. 0611/ 171 72 97, www.zimtandkoriander.de

65549 Limburg-Lahn, «Brokkoli», Eisenbahnstraße 8, Tel. 06431/ 93 22 05, www.brokkoli-limburg.de

66111 Saarbrücken, «Bistrorant Tierlieb», Cecilienstraße 12, Tel. 0681/ 876 48 97, www.bistrorant-tierlieb.de

68161 Mannheim, «Heller´s», Kaiserring N7, 13-15, Tel. 0621/ 12 07 20, www.hellers-restaurant.de

68161 Mannheim, «Sonnenblume», T 3,7

69115 Heidelberg, «Die Vollwertküche», Am Bismarckplatz, Tel. 06221/ 91 62 84, www.die-vollwertkueche.de

69115 Heidelberg, «Red - Die grüne Küche», Poststraße 42, Tel. 06221/ 914 52 06, www.red-diegruenekueche.com

70173 Stuttgart, «SB-Restaurant Iden», Eberhardstraße 1, Tel. 0711/ 23 59 89, www.iden-stuttgart.de

70173 Stuttgart, «Vegi Voodoo King» (Falafel-Imbiss), Steinstraße 13 (Nähe Galeria Kaufhof)

70372 Stuttgart-Bad Cannstatt, «Coox & Candy» (Restaurant und Bar), Sulzbachgasse 14. Tel. 0711/ 50 44 60 04, www.coox-candy.de

70469 Stuttgart-Feuerbach, «Körle und Adam», Feuerbacher-Tal-Straße 31, Tel. 0711/ 838 24 66, www.koerleundadam.de

72070 Tübingen, «Kichererbse-Imbiss», Metzgergasse 2, Tel. 07071/ 521 71

72070 Tübingen, «Indian Store-Imbiss», Schleifmühlenweg 15, Tel. 07071/ 454 28

72070 Tübingen, «Kornblume-Imbiss», Haagasse 15, Tel. 07071/ 262 57

72226 Simmersfeld, «Bio-Gasthaus Sonne», Freudenstädter Straße 8, Tel. 07484/ 385, www.biogasthaus-sonne.de

75417 Mühlacker-Dürrmenz, «Sehnsuchtsküche», An der Wasserhalde 1, Tel. 07041/ 86 19 23, www.sehnsuchtskueche.de

76133 Karlsruhe, «SB-Restaurant Viva», Lammstraße 7 A, Tel. 0721/ 232 93, www.viva-restaurant.de

76530 Baden-Baden, «Naturkost-Café», Büttenstraße 8, Tel. 07221/ 314 48

77652 Offenburg, «Vollwertrestaurant Gälriwli», Ritterstraße 3, Tel. 0781/ 778 76, www.gaelriwli.de

78315 Radolfzell, «Essbar», Kaufhausstraße 5, Tel. 07732/ 942 37 84, www.dieessbar.de

79098 Freiburg, «Vegetage» (im Café Burse), Rathausgasse 4, Tel. 0761/ 70 63 15, www.vegetage.de

79100 Freiburg, «Biokeller-Bistro» (Mittagstisch), Konradstraße 17, Tel. 0761/ 217 75 00, www.biokeller-bistro.de

79117 Freiburg, «Waldkurbad am Möslepark» (vegetarisches Bistro), Waldseestraße 77, Tel. 0761/ 775 70, www.waldkurbad.de

79856 Hinterzarten, «Naturion» (Biohotel), Sonnenbühlweg 6, Tel. 07652/ 52 82, www.naturion.de

80331 München, «Prinz Myshkin», Hackenstraße 2, Tel. 089/ 26 55 96, www.prinzmyshkin.com

80331 München, «Die Vitaminbude», Kreuzstraße 6, Tel. 089/ 54 54 48 04, www.vitaminbude.de

80333 München, «Lecker-Bissen», Theresienstraße 27, Tel. 01552/ 895 28 01, www.lecker-bissen.de

80469 München, «Kopfeck», Klenzestraße 89, Tel. 089/ 20 06 28 84, www.kopfeck.de

80469 München, «Tushita-Teehaus», Klenzestraße 53, Tel. 089/ 18 97 55 94, www.tushita.eu

80538 München, «Vegelangelo», Thomas-Wimmer-Ring 16, Tel. 089/ 28 80 68 36, www.vegelangelo.de

80799 München, «Fräulein Müller», Adalbert-Straße 21, Tel. 0176/ 70 17 71 37

80799 München, «Café Ignaz», Georgenstraße 67, Tel. 089/ 271 60 93, www.ignaz-cafe.de

80802 München, «Zay», Occamstraße 13, Tel. 089/ 33 05 69 48

81543 München, «Kaede», Sommerstraße 41, Tel. 089/62 30 38 44, www.kaede-muenchen.de

82024 Taufkirchen, «Vegetaria» (Catering), Tölzer Straße 55, Tel. 089/ 12 01 81 60, www.vegetaria-catering.de

82061 München-Neuried, «Café Vor Ort», Gautinger Straße 3, Tel. 089/ 759 54 08

82362 Weilheim, «Café Plexx», Kreuzgasse 5, Tel. 0881/ 927 81 20, www.plexx.net

82396 Pähl, «Vegetaria», Gut Kerschlach 1, Tel. 08808/ 92 42 82, www.vegetaria.de

83471 Berchtesgaden, «Kurz» (Biohotel), Lockstein 1, Tel. 08652/ 98 00, www.biohotel-kurz.de

83471 Schönau am Königssee, Krennleiten (Biopension), Krennstraße 9, 08652/ 62 882, www.krennleiten.de

83512 Wasserburg, «Forum», Im Hag 13, Tel. 08071/ 92 03 51, www.cafe-forum.com

85049 Ingolstadt, «Swept Away», Donaustraße 14, Tel. 0841/ 931 16 79, www.swept-away.de

87439 Kempten, «Gschmackeria», Heinrichstraße 4, Tel. 0831/ 540 90 55, www.gschmackeria.de

87477 Sulzberg, «Café Becherer», Kemptener Straße 4, Tel. 08376/ 322

87534 Oberstaufen, «Books» (Literaturcafé), Hugo-von-Königsegg-Straße 12, Tel. 08386/ 24 69, www.bookscafe.de

87538 Bolsterlang, «Bio-Kräuterhaus bei Edita» (Gästehaus), Bergweg 16, Tel. 08326/ 12 11, www.gaestehaus-rita.de

88214 Ravensburg, «Naturissima», Bachstraße 8, Tel. 0751/ 234 76, www.naturissima.de

88339 Bad Waldsee, «Die Möhre», Wurzacher Straße 12 , Tel. 07524/ 701 41 60, www.moehrerestaurant.de

90402 Nürnberg, «Loving Hut» (asiatisch, vegan), Luitpoldstraße 13, Tel. 0911/ 92 34 31 09, www.lovinghut.de

90403 Nürnberg, «Lotos-Imbiss», Unschlittplatz 1, Tel. 0911/ 24 35 98, www.naturkost-laden-lotos.de

90419 Nürnberg, «Chesmu», Johannisstraße 40, Tel. 0911/ 39 03 90, www.chesmu.de

90443 Nürnberg, «Lotos-Imbiss», Hessestraße 4, Tel. 0911/ 26 61 80, www.naturkostladen-lotos.de

91054 Erlangen, «Bistro im Reformhaus Kolbe», Marktplatz 5, Tel. 09131/ 87 90 17, www.reformhaus-kolbe.de

91054 Erlangen, «Polidori» (Kochen, Catering, Events), Kuttlerstraße 2, Tel. 0911/ 66 03 12, www.phantastisch-vegetarisch.de

91710 Gunzenhausen, «Mirabelle-Vollwert-Bistro», Kirchenplatz 7, Tel. 09831/ 61 20 30, www.mirabelle-gun.de

93047 Regensburg, «Mojo Burger», Fischmarkt 1, Tel. 0941/ 567 43 00, www.mojoburger.de

93047 Regensburg, «kAffé dAdA», Rote-Löwen-Straße 11, Tel. 0941/ 56 99 34 89, www.essendadatrinken.de

94234 Viechtach, «Cayenne», Mönchshofstraße 15, Tel. 09942/ 80 86 66, www.cayenne-lounge.de

95346 Stadtsteinach, «Lindenhof Salem», Alte Pressecker Straße, Tel. 09225/ 80 90, www.lindenhofsalem.de

95444 Bayreuth, «Kraftraum», Sophienstraße 16, Tel. 0921/ 800 25 15, www.cafe-kraftraum.de

96050 Bamberg, «Kürbiskern», Kunigundenruhstraße 1, Tel. 0951/ 208 48 10, www.kürbiskern-bamberg.de

97070 Hannover, «Vollkornbäckerei Köhler», Semmelstraße 33, Tel. 0931/ 57 17 18, www.vollkornbaeckerei-koehler.de

97070 Würzburg, «Vollwert-Stube», Sanderstraße 2 A, Tel. 0931/ 189 81

97070 Würzburg, «Vollkornbäckerei Köhler», Karmelitenstraße 1, Tel. 0931/ 57 17 18, www.vollkornbaeckerei-koehler.de

97421 Schweinfurt, «Vegetarischer Imbiss im Reformhaus Die Insel», In der Markthalle, Tel. 09721/ 242 16

97828 Marktheidenfeld-Altfeld, «Vegetarisch-veganes Imbiss-Stübchen», Max-Braun-Straße 2, Tel. 09391/ 50 43 33

97828 Marktheidenfeld-Altfeld, «Aglio e Olio», Max-Braun-Straße 4 (im Einkaufsland), Tel. 09391/ 50 44 11, www.vegetarische-restaurants.com

Österreich

1010 Wien, «Natürlich Wrenkh», Rauhensteingasse 12, Tel. 01/ 513 58 36

1010 Wien, «Gesundheitsecke», Schottengasse 9, Tel. 01/ 535 48 99

1010 Wien, «Die BioBar von Antun» (kroatische Spezialitäten), Drahtgasse 3, Tel. 01/ 968 93 51, www.biobar.at

1010 Wien, «Cafe Treff» (persische Spezialitäten), Fleischmarkt 26, Tel. 01/ 925 11 55

1010 Wien, «Köstlich», Färberstraße 8, Tel. 01/ 533 56 22, www.koestlich.biz

1010 Wien, «Saladbox», Färberstraße 10, Tel. 01/ 533 78 25, www.saladbox.at

1010 Wien, «Makro 1» (Bioladen mit Mittagstisch), Fleischmarkt 16, Tel. 01/ 513 19 47, www.makro1.at

1010 Wien, «Grüner Baum» (Bioladen mit Mittagstisch), Biberstraße 22, Tel. 01/ 512 66 95

1020 Wien, «Gesundes», Lilienbrunngasse 3, Tel. 01/ 219 53 22, www.gesundess.at

1030 Wien, «Vegetasia I», Ungargasse 57, Tel. 01/ 713 83 32, www.vegetasia.at

1030 Wien, «Gesund Schlemmern im Reformhaus Völkl», Landstrasser Hauptstraße 23, Tel. 01/ 714 84 19 13

1030 Wien, «Naturprodukte Wallner» (Reformhaus und Imbiss), Hietzinger Hauptstaße 23, Tel 01/ 879 25 43, www.bio-online.at

1040 Wien, «Naturprodukte Wallner» (Reformhaus und Imbiss), Wiedner Hauptstraße 66, Tel. 01/ 586 06 71, www.bio-online.at

1050 Wien, «Rupp´s vegetarisches Pub», Arbeitergasse 46, Tel. 01/ 545 22 84, www.rupps.at

1060 Wien, «Nice Rice», Mariahilfer Straße 45 / Raimundhof Top 49, Tel. 01/ 586 28 39

1060 Wien, «Café Kafka», Capistrangasse 8, Tel. 01/ 586 13 17

1060 Wien, «Formosa Food», Barnabitengasse 6, Tel. 01/ 581 11 12, www.vegetarischesformosafood.at

1070 Wien, «Govinda» (Kulturtreff mit Mittagstisch), Lindengasse 2, Tel. 01/ 522 28 17, www.govinda.at

1070 Wien, «Reformhaus Buchmüller», Neubaugasse 17-19, Tel. 01/ 523 72 97, www.reformhaus-buchmueller.at

1070 Wien, «Naturkost St. Josef» (Imbiss), Zollergasse 26, Tel. 01/ 526 68 18

1070 Wien, «Loving Hut» (asiatisch, vegan), Neubaugürtel 38/5, Tel. 01/ 293 91 82, www.lovinghut.co.at

1070 Wien, «Landia», Ahornergasse 4, Tel. 0660/ 469 05 82, www.landia.at

1070 Wien, «Xu' Cooking», Kaiserstraße 45, Tel. 01/ 523 10 91, www.xus-cooking.at

1080 Wien, «Kräuterdrogerie» (Naturladen mit Mittagstisch), Kochgasse 34, Tel. 01/ 405 45 22

1090 Wien, «Gagarin», Garnisongasse 12, www.cafegagarin.at

1090 Wien, «Reformhaus Regenbogen», Garnisongasse 12, Tel. 01/ 408 65 85

1090 Wien, «Vegirant», Währinger Straße 57, Tel. 01/ 407 82 87, www.vegirant.at

1100 Wien, «Loving Hut» (asiatisch, vegan), Favoritenstraße 156, Tel. 01/ 293 84 70, www.lovinghut.co.at

1130 Wien, «Paradies Naturkost», Altgasse 23 A, Tel. 01/ 876 51 60

1130 Wien, «Kichererbse», Speisingerstraße 38, Tel. 01/ 804 20 06, www.kichererbse.at

1150 Wien, «Hollerei», Hollergasse 9, Tel. 01/ 892 33 56, www.hollerei.at

1150 Wien, «Uoqbon», Geibelgasse 23, www.uoqbon.obda.net

1160 Wien, «Muskat», Yppenmarkt 92, Tel. 01/ 405 94 96, www.muskat.at

1160 Wien, «Arjuna», Payergasse 12 / Yppenmarkt, Tel. 01/ 923 39 55

1190 Wien, «Tüwi», Peter-Jordan-Straße 76, Tel. 01/ 476 54 20 08, www.tuewi.action.at

2000 Stockerau, «Veggie Bräu», Schulgasse 8, Tel. 02266/ 72 604, www.veggie-bräu.at

2002 Großmugl, «Gasthaus Schillinger», Hauptstraße 46, Tel. 02268/ 66 72, www.charlys.at

2235 Weikendorf, «Veggie-Wirt», Obere Hauptstraße 24, Tel. 02282/ 23 13

2340 Mödling, «Kochkiste», Haupstraße 30, Tel. 0699/ 18 42 10 20, www.kochkiste.at

3100 St. Pölten, «EVI-Naturkost», Kremser Landstraße 2, Tel. 02742/ 35 20 92

3400 Klosterneuburg, «Hollerei» (im Museum Essl), An der Donau-Au 1, Tel. 02243/ 37 05 02 60, www.hollerei.at

3400 Klosterneuburg, «B&Vegan – Das vegane Gästezimmer-Haus» (ohne Restaurant), Eisenhütte 48, Tel. 0676/ 433 46 05, www.beluhaus.at

3532 Rastenfeld, «Die Lichtung» (Seminarhaus mit vegetarischer Verpflegung), Burg Rastenberg, Tel. 02826/ 312, www.die-lichtung.at

4020 Linz, «p'aa delights», Rathausgasse 5, Tel. 070/ 94 21 95, www.paa.cx/delights

4020 Linz, «p'aa restaurant lounge», Altstadt 28, Tel. 070/ 77 64 61, www.paa.cx

4562 Steinbach am Ziehberg, «Tierparadies Schabenreith» (Gnadenhof und vegetarische Frühstückspension), Nr. 23, Tel. 07582/ 73 09, www.tierparadies.at

5020 Salzburg, «Spicy Spices», Wolf-Dietrich-Straße 1, Tel. 0662/ 87 07 12

5020 Salzburg, «Heart of Joy», Franz-Josef-Straße 3, Tel. 0662/ 89 07 73, www.heartofjoy.at

5020 Salzburg, «Naturkost Norbert Leitner», Müllner Hauptstraße 25, Tel. 0662/ 43 88 35

5020 Salzburg, «Reformhaus Martin Vollwert Bistro», Linzer Gasse 4, Tel. 0662/ 87 07 29, www.reformhaus-martin.at

5071 Wals, «Keimling», Loigerstraße 89, Tel. 0662/ 85 36 75

5092 St. Martin bei Lofer, «Naturkostpension Haus Leo», Wildmoos, Tel. 06588/ 70 65, www.hausleo.com

6020 Innsbruck, «Chez Nico», Maria-Theresien-Straße 49 / Landhauspassage, Tel. 0650/ 451 06 24, www.chez-nico.at

6020 Innsbruck, «Reformhaus Martin Vollwert Bistro», Herzog-Friedrich-Straße 29, Tel. 0512/ 56 50 99, www.reformhaus-martin.at

6250 Kundl, «Speis und Trank», Klammstraße 12, Tel. 05338/ 66 22

6370 Reith bei Kitzbühel, «Florian» (Biohotel), Bichlach 41, Tel. 05356/ 65 242, www.hotel-florian.at

7562 Zahling, «An-Alapanka-Ma» (Herberge), Bobisberggasse 20, Tel. 03325/ 225 44, www.an-alapanka-ma.eu

8010 Graz, «Matzer» (Bioladen mit Mittagstisch; Catering), Sparbersbachgasse 34, Tel. 0316/ 83 87 99, www.bio-laden.at

8010 Graz, «Ginko», Grazbachgasse 33 / Ecke Klostergasse, Tel. 0316/ 81 56 25, www.restaurant-ginko.at

8010 Graz, «Mangolds», Griesgasse 11, Tel. 0316/ 71 80 02

8010 Graz, «Herbert Piber» (Imbiss), Hauptplatz 151, Tel. 0664/ 382 33 73

8970 Schladming, «Biochi», Martin Luther Straße 32, Tel. 03687/ 23 927, www.biochi.at

8972 Schladming, «Naturkostladen Liebstöckl», Salzburger Straße 335, Tel. 03687/ 232 62

8972 Ramsau/Dachstein, «Naturhaus Lehnwieser» (Vollwertpension), Vorberg 20, Tel. 03687/ 81 576, www.naturhaus-lehnwieser.at

9122 St. Kanzian, «Loving Hut am Klopeinersee» (Pension, geöffnet Mai-Oktober), Am See XII 7/7 A, Tel. 04239/ 40 150, www.lovinghutpension.at

9372 St. Oswald bei Ebenstein, «Biolandhaus Arche» (Biohotel), Vollwertweg 1 A, Tel. 04264/ 81 20, www.bio.arche.hotel.at

ÜBERSETZUNGEN DIESES BUCHES

Das vorliegende Buch «Vegetarisch leben» ist bereits in den untenstehenden fremdsprachigen Übersetzungen lieferbar. Weitere Ausgaben in anderen Sprachen sind geplant.

TSCHECHISCH

Vegetariánský život –

Prednosti bezmasé výživy.

Verlag EarthSave
ISBN 978-80-86916-00-2
Erstausgabe, 101 Seiten, gebunden
€ 7,– / Fr. 11.50

BULGARISCH

Код: Вегетарианец

Verlag Orgon
ISBN 978-954-90339-3-9
Erstausgabe, 143 Seiten, Taschenbuch
€ 7,– / Fr. 11.50

Diese Bücher sind über die folgenden Websites zu beziehen:

www.vegetarisch-leben.de
www.govinda.ch
www.mare-versand.de

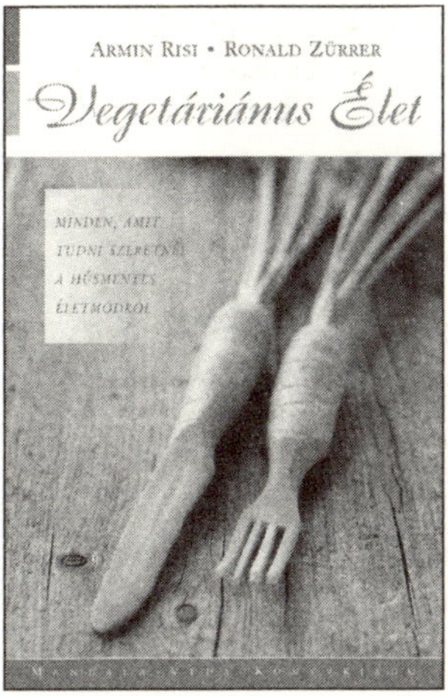

UNGARISCH

Vegetáriánus Élet –

Minden, amit tudni szeretnél
a húsmentes életmódról.

Verlag Mandala-Veda
ISBN 978-963-246-009-3
Erstausgabe, 150 Seiten, Taschenbuch
€ 10,– / Fr. 18.00

Mithilfe gesucht: Wer Möglichkeiten hat, dieses Buch in andere Sprachen zu übersetzen, oder wer einen fremdsprachigen Verlag kennt, der das Buch in seinem Land publizieren will, möchte sich bitte per E-Mail bei uns melden: rz@govinda.ch.

Die Postkarten-Aktion **«Ich lebe vegetarisch.»** ist ein idealistisches Nonprofit-Projekt zum vorliegenen Buch.

Am Projekt beteiligt sind vegetarisch lebende Menschen, die den Vegetarismus mit ihrem Gesicht und mit einer Druckkostenspende unterstützen möchten. Vorgesehenes Ziel ist es, am Ende mindestens eine Million Karten von insgesamt 1000 verschiedenen Vegetarier-Models produziert und in Umlauf gebracht zu haben.

Die Postkarten werden für Werbezwecke im Sinne des Vegetarismus eingesetzt, indem sie kostenlos an Verlagskunden und Leser sowie an weitere Interessenten verteilt werden. Zudem werden sie auch in ausgewählten vegetarischen Restaurants, Reformhäusern und anderen Vertriebsstellen zur Mitnahme ausgelegt.

VEGETARIER-POSTKARTEN-AKTION

Leserinnen und Leser, die bei dieser Postkarten-Aktion mitwirken möchten – sei es als Model oder auch als Gönner durch einen finanziellen Beitrag –, sind herzlich eingeladen, sich mit dem Verlag in Verbindung zu setzen.

Das Infoblatt mit allen Angaben zur Postkarten-Aktion sowie Beispiele von bereits gedruckten Vegetarier-Postkarten können hier eingesehen bzw. angefordert werden:

Websites:	www.vegetarisch-leben.ch www.vegetarisch-leben.de
E-Mail:	rz@govinda.ch
Post:	Govinda-Verlag, Postfach, 8053 Zürich, Schweiz

DIE WEBSITE ZUM BUCH (INFOPORTAL)

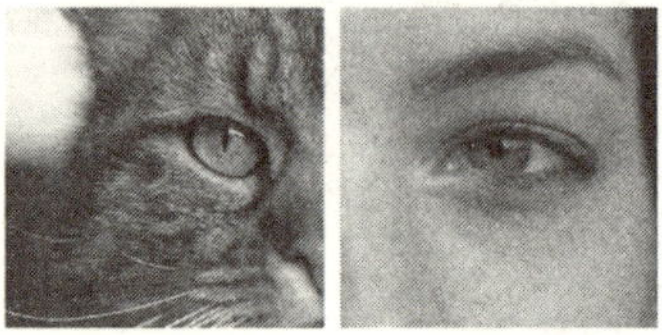

BESUCHEN SIE UNSERE WEBSITE ZUM BUCH!

www.vegetarisch-leben.ch
www.vegetarisch-leben.de

Die aktuellsten Informationen zum Thema:

- Das komplette Buch Kapitel für Kapitel online zum Einsehen
- Leserstimmen
- Übersetzungen in andere Sprachen
- Weiterführende Literatur (Sach- und Kochbücher, Zeitschriften, Artikel)
- Vegetarier-Postkarten-Aktion: «Ich lebe vegetarisch.»
- Kostenloses Infomaterial zum Anfordern und Downloaden
- Aktuelle Listen prominenter VegetarierInnen
- Links zu Vegetarierorganisationen
- Restaurantadressen (Deutschland, Österreich, Schweiz)
- Häufige Fragen
- Ihre Mithilfe
- Hinweise auf Veranstaltungen
- u.v.m.

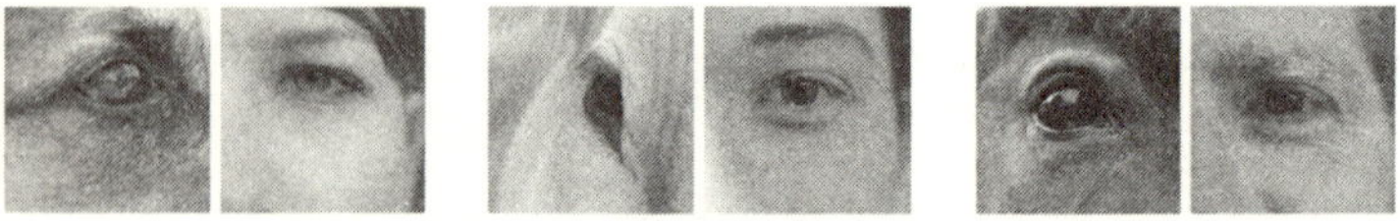

VEGETARIER-SHIRT

NEU !

Der deutschsprachige Durchschnittsbürger verspeist im Laufe seines Lebens über 1000 (!) Landtiere sowie unzählige See- und Meeresfische. Mit unserem neuen T-Shirt «7 GUTE GRÜNDE, VEGETARISCH ZU LEBEN» sind die wohl einleuchtendsten Gründe für eine fleischlose Ernährung auf einen Blick sichtbar.

Mit jedem Kauf dieses hochwertigen T-Shirts wird der vegetarisch-vegane Gedanke direkt unterstützt! So fließen die Einnahmen in künftige Projekte des VEBU (Vegetarierbund Deutschland) und in die Druckkostenfinanzierung der Info-Materialien zum vorliegenden Buch.

Das ökologische Shirt besteht zu 100% aus organischer, ungebleichter und gekämmter Baumwolle. Es ist erhältlich als:

- «Girlie» für Frauen (enganliegender als das T-Shirt; Größe S fällt daher kleiner aus!)
- T-Shirt für Männer (normaler Schnitt)

Farbe: dunkelgrün | Preis: € 19,90 / Fr. 30.00

Zu beziehen bei:
MARE-Versand, Mittlerer Daxstein 15, DE–94579 Zenting
Tel. 09907/ 15 95 25 | E-Mail: info@mare-versand.de

GRUNDLAGENWISSEN IM GOVINDA-VERLAG

Vorteile einer fleischlosen Ernährung.

Armin Risi • Ronald Zürrer

VEGETARISCH LEBEN

ISBN 978-3-906347-77-6
10. Auflage (2012), 173 Seiten, Taschenbuch
€ 4,50 / Fr. 8.00

Vegetarisch leben – dies ist nicht nur eine gesunde, vollwertige Ernährungsweise, sondern auch Ausdruck eines bewußten Lebensstils. Vegetarisch leben ist ein aktiver Schritt, um den destruktiven Tendenzen der modernen Zivilisation entgegenzuwirken. Denn die Nachteile des globalen Fleischkonsums werden immer offensichtlicher.

Dieses Buch aus der Reihe «Grundlagenwissen im Govinda-Verlag» vermittelt die wichtigsten Informationen zur Diskussion über Vegetarismus und Fleischkonsum.

Ein informatives Grundlagenbuch sowohl für Vegetarier als auch für kritische Fleischkonsumenten.

Staffelpreise:	1-4 Exemplare:	EUR 4,50 / CHF 8.00
	5-9 Exemplare:	EUR 4,00 / CHF 7.20
	10-19 Exemplare:	EUR 3,50 / CHF 6.30
	20-99 Exemplare:	EUR 3,00 / CHF 5.40
	100+Exemplare:	auf Anfrage

WEITERE BÜCHER DER AUTOREN

Theistische Mysterienschule, Band 1.

Armin Risi

GANZHEITLICHE SPIRITUALITÄT

Der Schlüssel zur neuen Zeit

ISBN 978-3-905831-07-8
206 Seiten, Taschenbuch
€ 14,00 / Fr. 22.00

Der Ruf, daß heute ein «radikaler» Bewußtseinswandel erforderlich ist, sowohl in den Wissenschaften als auch in den Religionen, wird immer lauter. Aber wie müßte dieser Bewußtseinswandel aussehen? Wie kann die Menschheit in der heutigen Zeit der Extreme ihr Gleichgewicht und ihre Mitte wieder finden?

Die Antwort der theistischen Mysterienschulen lautet: durch eine ganzheitliche Spiritualität. «Ganzheitlich» ist ein Modewort geworden, bezeichnet aber ursprünglich den konsequenten Mittelweg, der alle Formen von Einseitigkeiten und Halbwahrheiten erkennt und vermeidet. Erst wenn wir die Ganzheit – und nicht nur die Einheit – erkennen, haben wir den Schlüssel zur neuen Zeit gefunden. Der Buddhismus spricht hier vom «schmalen Pfad», Jesus von der «engen Pforte ins Himmelreich» und die indische Mystik vom Weg der Wahrheit, der so schmal ist wie «auf Messers Schneide».

WEITERE BÜCHER DER AUTOREN

Theistische Mysterienschule, Band 2.

Armin Risi

EINHEIT IM LICHT
DER GANZHEIT

Orientierung im Labyrinth von Religion, Erleuchtung und New Age

ISBN 978-3-905831-08-5
284 Seiten, Taschenbuch
€ 14,00 / Fr. 22.00

Wie unterscheidet man atheistische und theistische Esoterik? Was bedeutet Advaita (Nondualität)? Was ist der Unterschied von Polarität und Dualität? Was ist Materie, was ist *Maya* (Illusion)? Leben wir in einer virtuellen Welt? Was ist die verborgene Botschaft der Matrix-Filme? Warum sollten wir Realität nicht auf die Nondualität beschränken? Wie können wir Gott als *Ganzheit* – und nicht nur als Energie und Einheit – erkennen?

Freier Wille, Resonanzgesetz, Karma: Wie hängen diese scheinbar widersprüchlichen Faktoren zusammen? Ist alles eine «notwendige Erfahrung»? Was ist der Ursprung und die Bedeutung der «luziferischen Doktrin»? Welche Weltbilder bestimmen den heutigen Kurs der Menschheit?

Wie erschaffen wir mit unserem Bewußtsein Realität – insbesondere im Hinblick auf das Kommen der neuen Zeit? Welches Bewußtsein ist in Resonanz mit dieser neuen Zeit?

WEITERE BÜCHER DER AUTOREN

Die verschiedenen Weltbilder – konsequent zu Ende gedacht.

Armin Risi

LICHT WIRFT KEINEN SCHATTEN

Ein spirituell-philosophisches Handbuch

ISBN 978-3-906347-62-2
3. Auflage, 489 Seiten, gebunden
€ 24,00 / Fr. 43.20

Überall werden Weltbilder, Philosophien und Glaubenssysteme vertreten: von Wissenschaftlern, Politikern und Finanzmagnaten, von Geheimlogen, Religionen und Esoterikern. Haben einige mehr recht als andere? Kann und darf man unterscheiden? Oder ist alles relativ? Sind wir einer philosophischen bzw. ideologischen Willkür ausgesetzt, ohne Kriterien und Maßstäbe für das, was Wahrheit ist? Gibt es überhaupt so etwas wie «Wahrheit»? Welche Weltbilder stecken hinter Aussagen wie «alles ist relativ», «alles ist eins», «alles ist Gott»? Oder: «Gott ist Energie», «das Universum ist Gott», «wir alle sind Gott»? Sind das Wahrheiten oder Halbwahrheiten? Wie kann man unterscheiden, ohne zu urteilen?

Armin Risi präsentiert hier eine ganzheitliche Systematik, die es ermöglicht, all die verschiedenen, oft widersprüchlichen Weltbilder in einen höheren Zusammenhang zu stellen, wo die Gegensätze sich aufheben. Denn Licht wirft keinen Schatten. Und es ist durchaus möglich, das Licht zu sehen und es vom Schatten zu unterscheiden – und überall zu erkennen, *was* den Schatten wirft. Das Buch beschreibt eine Art von philosophischer Weltformel, mit der schlüssig und zeitaktuell die zentralen Aspekte unseres Seins erklärt werden können.

WEITERE BÜCHER DER AUTOREN

Ein berührendes literarisches Kleinod.

Ronald Zürrer

SONNENLIEBE

Ein Traum Hermann Hesses

ISBN 978-3-906347-97-4
114 Seiten, gebunden, Schutzumschlag
€ 14,00 / Fr. 25.00

Achtzehn Jahre nach seinem Tode begegnet der Dichter Hermann Hesse in einem Traum fünf jungen Menschen, denen er sich auf wundersame Weise brüderlich verwandt fühlt.

Gleich ihm sind sie Wahrheitssuchende und Wanderer auf dem Weg nach Innen, dem Weg zu sich selbst und zur Quelle des Lebens. «SONNENLIEBE» lautet ihr Bekenntnis – die Liebe zur Sonne als dem Symbol des Göttlichen, des unendlichen Lichtes und der grenzenlosen Wärme in ihrem eigenen Innern.

Als Sonnenkinder, als Töchter und Söhne dieses ewigen Lichts, sind sie flatternde Schmetterlinge im Garten der Welt, blühende Bäume im Walde allen Lebens. Ihre Geschichten und ihr Ruf singen nicht nur den glücklichen, dankbaren Dichter aus dem Schlafe, sondern schneien in der Folge auch warm und leise auf die Erde hinunter und vermögen jeden zu verzaubern und zu verwandeln, der mit SONNENLIEBE in Berührung kommt.

Das Erstlingswerk von Ronald Zürrer – verfaßt im Alter von 18 Jahren.

Ein Jenseitsroman.

Hannes Bichsel

DER
SCHMETTERLINGSKOKON

Roman

ISBN 978-3-905831-03-0
259 Seiten, gebunden, Schutzumschlag
€ 19,50 / Fr. 34.00

«Was die Raupe Ende der Welt nennt,
nennt der Rest der Welt Schmetterling.» (Laotse)

Ein Blick in eine mögliche Existenz nach dem irdischen Tod, in andere Dimensionen und in erahnte Geheimnisse des Kosmos: Auf einen Schlag setzt ein Autounfall dem noch jungen Glück zweier Menschen ein abruptes Ende. Trauernd und hilflos bleibt Lily zurück, ihr geliebter Daniel ist tot. Doch ist er das wirklich? Nachdem er seinen sterblichen Körper verlassen hat, beginnt für Daniel eine abenteuerliche Reise. Er erzählt uns, wer und was ihm nach seinem letzten Atemzug alles begegnet, und gewährt uns dadurch einen spannenden Einblick in «die Zeit danach», in andere Dimensionen sowie in die Geheimnisse des Kosmos. Und obwohl Lily es nicht merkt, ist ihre Beziehung zu Daniel keineswegs beendet – im Gegenteil …

Hannes Bichsel erzählt in seinem Romandebüt vom Kampf des Menschen gegen die Tücken und Fallgruben des Daseins. Er schenkt jedoch zugleich all jenen Hoffnung, die sich – zu Unrecht – vor dem Tode fürchten. Mit viel Phantasie und Tiefgang, aber auch mit einem Augenzwinkern und mit spürbarer Lebenslust berichtet er vom Diesseits und vom Jenseits und wie möglicherweise alles zusammenhängen könnte.

WEITERE BÜCHER IM GOVINDA-VERLAG

Ein mystischer Roman.

Arthur Brühlmeier

JESSY UND JIM

Ein Jenseitstraum

ISBN 978-3-905831-06-1
477 Seiten, gebunden, Schutzumschlag
€ 23,50 / Fr. 36.00

«Der Weg zum Himmel ist die Erfüllung der Pflichten der Erde.» (Johann Heinrich Pestalozzi)

Jessy erwacht – drüben, im Jenseits. Nun muss sie sich in der neuen Welt zurecht finden: schweben lernen, ohne Uhren auskommen, Unarten ablegen, die Einsamkeit aushalten und vieles mehr.

Bald begegnet ihr Jim, und ihre Liebe zueinander erwacht schon früh. Doch bis zum großen Liebesblitz ist es ein langer Weg, voller Überraschungen, Prüfungen, Gefahren und Dramatik. Eifersucht, Streitlust und Luzis Geschwätz stiften immer wieder Verwirrung, und erschütternd ist auch der Gang in die düsteren Täler der verirrten Seelen.

Und doch lässt der Autor immer wieder den Schalk aus der Tasche, würzt das Ernste und Tiefgründige mit Leichtigkeit und Humor und zwinkert mit den Augen. Genau wie Schneuli, die weiße Schnee-Eule.

Ein zu Herzen gehendes Buch für Jung und Alt – voller Weisheit.
Ein Lebenstraum. Ein Diesseitstraum.

WEITERE BÜCHER IM GOVINDA-VERLAG

Die Anastasia-Buchreihe in 10 Bänden.

Wladimir Megre

ANASTASIA

Band 1: Tochter der Tagia
Band 2: Die klingenden
Zedern Russlands
Band 3: Raum der Liebe
Band 4: Schöpfung
Band 5: Wer sind wir?
Band 6: Das Wissen der Ahnen
Band 7: Die Energie des Lebens
Band 8.1: Neue Zivilisation
Band 8.2: Die Bräuche der Liebe
Band 10: Anasta

Jeder Band 200-240 Seiten:
gebundene Ausgabe je € 16,– / Fr. 28.80
Taschenbuchausgabe je € 9,90 / Fr. 17.50

Anastasia ist die Botschafterin eines uralten Volkes, dessen Nachkommen auch heute noch vereinzelt in der Taiga leben, von der Zivilisation unbeeinflußt und immer noch im Besitz der «paranormalen» Kräfte, die der moderne Mensch weitgehend verloren hat: Telepathie, Präkognition, Teleportation, Unverletzlichkeit (Kälteresistenz) und Verbindung mit höheren Welten.

Anastasias Person und Lebensstil provozieren Fragen zu weltbewegenden Themen wie Herkunft des Menschen, Gesundheit, kosmische Heilkraft, richtige Ernährung, göttliche Naturverbundenheit, Ursache von Krankheit, Hintergründe der Weltpolitik und Zukunft der Menschheit.Heilkraft, werden auch heute noch viele Heilungen mit ihm in Verbindung gebracht. Sein spirituelles Wirken war zukunftsweisend und ist heute aktueller
denn je.